覺醒之後

THE END OF YOUR WORLD

本書獻給加州的席亞拉山脈。
在你那空氣稀薄的高處，
我找到了最自然的教堂與聖殿。

致謝

衷心感謝譚美・賽門。沒有妳的敦促與鼓勵，本書永遠無法問世。妳的敞開與信任，還有優越的編輯能力，只有妳對「法」的愛能夠超越。

另外要衷心感謝 Kelly Notaras，謝謝她細緻且極具耐心的編輯工作。

目錄

編序

二〇〇四年秋天，我第一次與阿迪亞見面時，就對他能以如此原創、清新的方式開示靈性覺醒之道而感到驚訝。雖然他總是推崇自己的禪宗傳承，卻也強調不依賴一位特定老師或方法來獲得了悟的重要性。他著重的是深入檢視一己的直接經驗，無懼地探索我們自身的生活領域。他也強調，認為靈性覺醒很罕見、只發生在少數精選之人身上、在那些隱居山洞裡打坐數十年或身穿特殊長袍的人身上這樣的想法，完全是個迷思。他進一步說，認為覺醒很罕見的迷思，可能會成為自我發現過程裡的一個障礙，因為我們相信了一個不眞實的、純然是自我所強加的限制性。

回想起來，我想阿迪亞（朋友與學生都這麼稱呼他）說這些話時，採取了一個坐在浪潮頂端之人的觀點，那是個開始衝擊我們這一代人生命的浪潮。正如阿迪亞在第一章指出的，有越來越多出身不同文化與宗教背景的人已經開始將「靈性覺醒」視爲他們生命中最重要的蛻變，這種覺醒是一種無可撼動的了悟，明白眞正的我們是生命的合一。過去幾年來，人們對於何謂可能似乎出現了認知上的集體轉變，靈性覺醒已不再是精英修行者獨享的領域了，而是突然成爲我們每一個人唾手可及的東西。

作爲一個在過去二十多年來爲讀者提供靈性智慧教導的出版人，我對這一股追求覺醒的新浪潮感到相當興奮，同時卻也不免擔心，是否會出現經常伴隨著了悟概念生起的困惑、誤解或扭曲。一開始，人們就對靈性覺醒一詞有著不同的詮釋，我經常懷疑，人們能否在了解自己透過這一過程得到些什麼的同時，也了解到自己失去些什麼，因爲那或許更重要。此外，隨著靈性覺醒的議題日益受到大眾的歡迎，我也看見有些人會從小我的觀點談論自己的覺醒，宣稱覺醒就是比其他人感覺更好或「更清醒」。最令我感到困擾的是，全盤否認自身經驗的人著實不少，無論那經驗是憤怒、沮喪或家庭紛爭都好，而這與他們所認爲的、作爲一個覺醒者的意義其實是相互矛盾的。

一年多前，我和阿迪亞在電話上交談時，我對他抱怨這種現象，說我遇見了那麼多人，似乎都對靈性覺醒有誤解，他們實際上是以覺醒之名在疏離自己每一刻所擁有的經驗。阿迪亞說，他剛好針對這個主題做了幾場演講，談論初次的靈性覺醒經驗之後可能會發生的誤解、陷阱，以及幻覺。我立刻滿腔熱情地詢問阿迪亞，是否能針對這個主題進行一系列的演講，好讓「眞實之音」能以文字書和有聲書的形式出版這些教導，他欣然同意，於是，《覺醒之後：關於開悟的眞相，以及如何將靈性覺醒落實在生活實相之中》（*The End of Your World: uncensored straight talk on the nature of enlightenment*）這本書問世了。

阿迪亞在書中第一章提到，對於那些有過初次的靈性覺醒經驗，想要了解這個過程如何繼續、如何開展的人來說，他們能取得的資源非常少。但願這本書能爲這場最偉大的冒險提供有益的指引與進一步的催化作用。

——譚美·賽門（Tami Simon），眞實之音出版社

1

覺醒後的生活探索

當前的世界有一個現象：越來越多的人正在覺醒，對實相產生了眞實可靠的瞥見。我的意思是，人們似乎在某些時刻從自己所熟悉的自我感、從自己所熟悉的世界裡頭甦醒過來，進入一個更廣闊的實相、進入某種遠遠超乎他們已知之存在的領域。

這些覺醒經驗因人而異。有些人的覺醒會持續一段長時間，有些人只有短暫的瞥見、只有短短一瞬間的覺醒經驗。但是在那一瞬間，整個「自我」感消失了。人們看待世界的方式驟然改變，發現自己和周遭世界的分離感蕩然無存，這可以用大夢初醒的經驗來譬喻，而且從夢中驚醒過來之前，渾然不知自己置身夢裡。

在我最初的教學生涯期間，大多數來找我的人都是在追尋這種深刻的靈性了悟，他們要追求的是從一個受限的、孤立的、自己想像受困其中的自我感裡覺醒過來。正是這一份渴望，在底下支持著所有的靈性追尋，那樣的追尋是去發現我們早已憑著直覺而知道的眞相，亦即生命比我們當前所感知到的一切更豐富。

但是隨著時間過去，越來越多已經對這一更廣闊的實相有所瞥見的人前來找我，也就是因爲他們，才有了這本書裡的教導。

覺醒的曙光

我要談論的這一份發現，傳統上稱爲靈性覺醒，因爲一個人會從小我的頭腦所製造出來的分離夢境當中甦醒。我們領悟到，而且經常是頓悟到，我們那個從一己概念、信念與形象建構而成的自我感並非眞正的我們。它無法定義我們，它沒有一個中心。小我可能以一連串閃現的思想、信念、行爲與反應而存在，但是它本身完全不具眞實身分。究竟而言，我們對自己和世界既存的一切形象，終歸只是對如是的一種抗拒罷了。我們所謂的「小我」（ego），純粹是我們的頭腦用來抗拒如是之生命的機制。如此一來，小我其實更像是一個動詞，而不是某種東西。它是對如是的抗拒。它是對人事物的「迎」與「拒」。這種動力，這種緊抓或拒絕，就是構成一個與周遭世界有所分別或分離之自我感的東西。

當覺醒的曙光乍現，外在世界也開始崩壞了。一旦我們喪失了自我感，彷彿我們已知的世界也隨之消解。在那樣的時刻，無論只是一瞬間或一段長時間，我們以無比清晰的眼光豁然領悟：眞實的我們絕不可能局限於我們一向自認爲是自己的狹小自我感。

要談論對眞相覺醒過來這件事非常不容易，因爲它是超越語言文字的，但是，爲它建立一些指標是有所助益的。關於覺醒經驗，最簡單的說法就是它是**一個人感知上的轉變**。這就是覺醒之心。從視自己爲孤立的個體，轉變爲視自己（如果在轉變發生之後我們還有什麼自我感的話）爲某種更爲宇宙性的存在，同時涵容了一切人、一切物、一切地。

這樣的轉變並非革命性經驗，這和早上照鏡子，直覺地知道你正在看的那張臉就是你自己是一樣的。這不是什麼神祕的經驗，就只是個很簡單的經驗。你在照鏡子的時候，你體驗到的是一種簡單的認知：「喔，那就是我。」當那稱之爲「覺醒」的感知轉變發生時，我們的感官接觸到的任何事物都會被體驗成我們自己，好比我們遭遇一切事物時都會這麼想：「喔，那是我。」我們不會以小我的立場、以一個分離的某人或分離的實體在體驗自己。這種感覺更像是「一」（One）認出了它自己，或說「靈性」（Spirit）認出了它自己。

靈性覺醒是一種憶起，而不是去成爲某種我們原本不是的東西。它的重點不在於轉化自己，也不在於改變自己。它是憶起眞正的我們是誰，彷彿我們久遠以前早已知曉，後來卻遺忘了。在憶起的那一刻，如果是眞實的憶起，那麼這就不能被視爲一件個人的事。其實根本沒有所謂的「個人的」覺醒這回事，因爲「個人的」世界意味著分離。「個人的」意味著有一個「我」或小我在醒來或成爲開悟的。

在眞實的覺醒裡，一個人會清楚地了悟到，即使是覺醒本身也不是件個人的事。它是宇宙靈性或宇宙意識甦醒而覺知到它自己。不是「我」甦醒了，而是眞正的我們從這個「我」裡面甦醒了。眞正的我們從追尋者裡甦醒了，眞正的我們從追尋裡甦醒了。

爲覺醒下定義的問題所在，就是在聽過這些描述之後，頭腦隨即會創造出關於究竟眞理或究竟實相爲何的另一些形象、另一些概念。一旦這些形象創造出來了，我們的感知又再度扭曲了。如此一來，更不可能去描述實相的本質了，只能說它不是我們所想的那樣、也不是我們被教育的那樣。事實上，**我們根本沒有能力想像眞正的我們是什麼**。我們的本性是超越一切想像的。眞正的我們，**是那個正在觀看的**，那個正在看著我們在假裝自己是個分離個人的意識。我們的眞實本性持續在參與著所有的經驗，對每一剎那、每一時刻都保持警醒。

覺醒時，我們獲得的啓示是我們既非某種東西，也非一個人，更非一個實體。眞正的我們是那個顯化爲一切事物、一切經驗、一切性格的。我們就是那個夢想出整個世界而讓它得以存在的人。靈性覺醒向我們揭示，其實那無可言說、無可解釋的，才是眞正的我們。

持續性覺醒與非持續性覺醒

如同我提過的，這份覺醒經驗可能只是一個瞥見，也可能會持續一段時間。那麼，有些人會說，如果覺醒是暫時的，就不是眞正的覺醒。有一些人相信，若是眞正的覺醒，你的感知將從此對事物的眞實本質敞開，永遠不再關閉、不會再恢復成原來的樣子。我可以理解這樣的觀點，因爲終究，整個靈性旅程確實會引領我們走向完全的覺醒。完全覺醒純粹意味著我們從靈性的觀點，亦即從合一的視野來感知事物，而且時時刻刻都是如此。從這樣的覺醒觀點來看，處處無有分離——世間沒有，宇宙間沒有，宇宙間的所有地方都沒有分離。眞理是遍在於一切處、一切時、一切領域，同時是爲一切生命的。這份眞理是所有將被經驗之事的源頭，包括生時、身後、在這個領域或其他任何領域的經驗。

從究竟觀點而言，萬事萬物都只不過是靈性的顯化，無論該事物是處於高層次或低層次領域、這裡或那裡、昨天今天或明天……萬事萬物皆然。是靈性本身醒過來了。因此，究竟而言，每一個生命所遵循的軌跡，無論他們自己是否知道，都是一個邁向完全覺醒、邁向完全了知、邁向體驗並認識眞正的自己、邁向合一、邁向「一」的軌跡。

覺醒的片刻可能會、也可能不會帶來永久性的領會。如同我說過的，有些人會告訴你說，覺醒若不是永久的，就不是眞實的。身爲老師，我看見的是，對超越二元對立面紗之外的世界有過短暫瞥見的人，與那些永久「住於」這份了悟的人，所看見的與經驗到的是同樣的事。一個人短暫地經驗到它，而另一個人則是持續經驗到它。然而，如果那是眞正的覺醒，他們所體驗到的是一樣的東西：一切即一，我們不是能在特定空間裡被定位的特定之物或特定之人，我們眞正所是的，是同時作爲無物與萬物。

因此，依我所見，覺醒是瞬間的或持續的並不是太重要，它的意義在於它有一個軌跡，在能夠持續從眞理的視野去感知之前，沒有人的心能完全滿足，但是那被看見的確實就是覺醒，無論它是否持久。

這種覺醒的瞥見，我稱之爲**非持續性覺醒**，已經越來越普遍。它會在某一刻、某一個下午、一天、一星期，甚或長達一、兩個月的期間發生。覺知開啓了，分離之我的感受脫落，接著，就像相機的光圈一樣，覺知再度關閉。突然之間，之前瞥見了眞實的非二元對立(不二)、眞實的「一」的那個人，現在，意外地又從二元對立的「做夢」狀態在感知事物了。在做夢狀態，我們回到了受制約的自我感當中，困在一個受限的、孤立的存在感裡頭。

好消息是，一旦這份清晰的洞見眞的發生，我們覺知的光圈永遠不會完全回復到關閉狀態。它可能會看似完全關閉了，但其實永遠不會如此。在你內在的最深處，你不可能遺忘的。縱使你只短暫瞥見了實相，內在也有某種東西永遠改變了。

實相是核能，擁有不可思議的力量、難以想像的威力。人們能在彈指之間體驗到瞬間閃現的實相，但是進入他們內在的那股能量與力量，卻能改變整個人生。只要一個片刻的覺醒，就能消融一個人錯誤的自我感，隨後更消融一個人對世界的全部感知。

覺醒不是你想像的樣子

從一個非常眞實的層次而言，更正確的其實是談論我們在覺醒時會失去什麼，而不是獲得什麼。我們不僅僅失去自己，那我們自認爲的自己，也失去了我們對世界的一切感知。分離只是一種感知，事實上，說到我們這個世界，除了感知之外沒有別的。「你的世界」不是你的世界，它只是你感知到世界。因此，雖然這在剛開始會似有一點負面，但是我想，以我們失去了什麼——我們從什麼當中醒過來——這樣的觀點來談論靈性覺醒，會有益得多。這意味著我們談的是自我形象的消融。當我們醒來時，令我們驚愕不已的是：那個自認爲的自己頓時被拆卸一空。

這確實會令人驚愕萬分：這根本完全不是我們事先想像的樣子。從來不曾有一個學生回來告訴我：「你知道嗎?阿迪亞，我識破了分離這層面紗，它和我之前想像的相去不遠，算是滿符合我之前聽說的樣子。」通常，學生會回來告訴我：「這根本完全不是我想像的樣子！」

由於我教過的學生當中有許多人已在靈性領域研究多年，而且通常對覺醒該是何模樣也已經擁有非常精闢的見解，所以這情況特別有趣。當事情眞的發生時，它總是和他們所期待的不同。從許多方面而言，它更爲宏偉；但是從另外許多方面而言，它也更爲簡單。事實上，如果覺醒是千眞萬確的，它必然會和我們想像的不同，那是因爲，我們所有關於覺醒的想像皆發生在做夢狀態的範式之內。當我們的意識還停留在做夢狀態時，根本不可能想像出某種做夢狀態之外的東西。

覺醒之後，生活會有何變化？

隨著覺醒而來的，我們感知生命的方式也將全部重新整頓，或至少開始重新整頓了。這是因爲覺醒本身雖是那麼的美、那麼不可思議，卻經常伴隨著迷失方向與無所適從。儘管身爲「一」的你已經覺醒，你的整個人類結構還在，包括你的身體、你的頭腦，還有你的性格。對這一人類結構來說，覺醒可能經常會被體驗爲無所適從的感覺。

所以，覺醒之後所發生的過程才是我在此想要探討的。我說過，對極少數的人而言，覺醒的那一刻即是完整的，就某方面而言那就是結束，毋需任何後續的過程。我們可以這麼說，這種人的業力包袱極輕，因此儘管他們在覺醒前曾經歷了巨大的痛苦，我們還是可以看到，他們所承襲的業與必須處理的制約並不太深。這是非常罕見的。在一個世代裡，只有極少數的人能以這種毋須經歷後續過程的方式覺醒。

我總是這麼告訴人們：不要指望作爲你自己的那個人，最好指望其他每一個人，意思是你將會在最初的覺醒之後經歷一個過程，它不是你旅程的終點。我在此試圖要做的，是在你踏上這段旅程時爲你指出一個有益的、有目標的方向。如同我的老師以前總是喜歡說的：這好比一腳踏進了前門。你只是一腳踏進前門，並不表示你已經把燈打開了，也不表示你已經學會如何在你覺醒過來的那個完全迥異的世界裡游刃有餘。

我很高興這部根據我的一系列演講所集結而成的書，讓我有機會探討此一主題，也就是覺醒之後發生什麼事這個議題。關於覺醒之後的生活，既有的資料多半不是公開的，通常只在靈性老師與他們的學生之間流傳。這種方式有一個問題，我說過，現在有許多人正在經歷覺醒時刻，卻極爲缺乏切題的教導供他們運用。就這個意義而言，本書對這個新天地、這個「一」的新狀態來說，著實是件可喜之事。

此刻，我想針對那些想著「嗯，我還沒有過那種瞥見，也不覺得我真的覺醒了。」這些念頭的讀者稍做說明。其他一些人或許也不確定自己所體驗到的是否是覺醒。無論你在道途上的哪個地方，我相信這些資訊都有其助益。因爲到頭來，覺醒之後所發生的，與覺醒之前所發生的其實息息相關。

事實上，覺醒之前與之後的靈性過程並無差別，只是在覺醒之後，該過程是從一個不同的視角發生的，你可以用鳥瞰視野相對於平地視野這樣的概念來看它。覺醒之前，我們不知道自己是誰。我們以爲自己是個分離的、孤立的人，存在於特定的身體裡，在一個相異於我們的世界裡遊走。一旦覺醒發生了，我們仍會在那個世界裡遊走，只是我們明白了自己並不限於該身體或性格，而且其實與周遭世界並未分離。

重要的是必須記住，我們並不會僅僅因爲對覺醒有了一個瞥見，就對誤解現象免疫。即使我們從「一」的立場看待事物，仍會殘留著某些執念（fixations）與制約。因此，覺醒之後的道途就是一段消融殘餘執念的旅程，你可以說，那些執念就是我們的「習氣」（hang-ups）。因此，這與邁向覺醒、意圖消融我們某些幻覺與某些緊縮傾向的道途並無太大的不同。差別在於，覺醒之前，我們的性格結構感覺較沉重、較濃稠，因為我們的整個身分認同其實都圍繞著我們的制約而建立。覺醒之後，我們會知道，自己身心系統的制約已經非關個人了，我們會知道它無法定義我們。這樣的了知、這鮮活的眞相，讓解除一己的幻覺這件事顯得更容易、更不具威脅性。

因此，覺醒之前，我們在靈性上所做的事和覺醒之後有極大的相似之處。只是我們是從一個不同的視角與觀點來做。覺醒之前，我們從分離的視角來做，而覺醒之後，我們從不分離的視角來做。然而，我們實際上所做之事，亦即處理方式與過程本身，是十分相似的。你可以說，那只是發生在一己存在的不同層次。如此說來，我在後續章節即將討論到的所有事情，都能應用在你所處的任何位置，都能被轉譯為你自己的經驗。

質疑一切的意願

我經常告訴學生，我不會將自己的教導視為眞理的一份聲明，因為試圖將眞理化為文字，只不過是一個傻瓜的遊戲。那是我們在覺醒之前經常使用的方式——我們會將眞理概念化，然後相信那個概念。因此，我不教導某種神學或哲學，我只是將我的教導視爲一些策略。我爲你提供覺醒策略，以及幫助你處理覺醒後發生之事的策略。

我使用的所有語言文字，都只有指標作用。禪宗有一句話說：莫將指著月亮的手指錯認爲月亮本身。儘管我們已經聽過這句話不下數百次，卻依然有一再犯下同樣錯誤的傾向。所以，我雖然會使用很多語言文字、定下一些脈絡、運用一些譬喻，我要你記住，我所說的一切事情都必須於覺醒中認知，它必須被活出來才會成爲眞實的。我所說的沒有一件事能夠取代那眞實的、那了知你眞正之所是的直接經驗。你必須願意去質疑一切、願意停下來然後問問自己：「我眞的知道我自以爲知道的嗎？或者我只是接收了他人的信念與意見而已？我眞正知道的是什麼？我想要相信或想像些什麼？有什麼是我確切知道的？」

「有什麼是我確切知道的？」這個問題，擁有極其強大的力量。當你深入透視這個問題，它其實會摧毀你的整個世界。它會摧毀你的整個自我感，它必然會如此。你會看見，你自以爲知道的關於你自己的事、你自以爲知道的關於這個世界的事，不過是建立在假設、信念與意見的基礎上，建立在那些你被教育或告知爲眞實而去相信的事情上罷了。在我們開始洞悉這些錯誤認知的眞正面貌之前，意識會一直被囚禁在做夢狀態裡。

同樣地，一旦我們允許自己領悟：「我的天哪！我幾乎什麼都不知道：我不知道自己是誰。我不知道這世界是什麼東西。我不知道這是不是眞的，我也不知道那是不是眞的。」我們一己存在裡有某種東西將會豁然開啓。當我們願意踏入未知及其本質上的不安全，而不逃回任何事物裡尋求保護或舒適感；當我們願意昂然挺立，如同已準備好迎接即將來臨的風暴而不畏縮，我們終將能夠面對我們眞正的自我。

探究「有什麼是我確切知道的？」這個問題，也是覺醒發生之後的一個寶貴工具。問問自己這個問題，有助於消融各種限制與想法，以及容易產生執念的傾向，這些在覺醒之後都會繼續存在。

無論你置身道途上的何處，要願意在內在靠自己的力量昂首挺立，問問自己這個問題，帶著敞開與眞誠的心迎接自己即將發現的事，這是最重要的。這是你整個覺醒與覺醒之後的生活所賴以維繫的重要骨幹。

2

真實的覺醒，及可能伴隨而來的無所適從

我們被告知的多數關於覺醒的事，聽起來都像是各種開悟的推銷辭令。在推銷辭令裡，我們只會聽見最正面的面向，甚至會聽見一些不實在的事情。在覺醒的推銷辭令裡，我們被告知開悟完全是關於愛與狂喜、關於慈悲與合一，以及其他一整串的正面經驗。它的外在經常披覆著引人入勝的故事，我們因而相信覺醒就是與奇蹟和神祕力量有關。其中一個最常見的推銷辭令就是將開悟描述為一個至福的經驗。結果，這導致人們認為：「當我獲得靈性開悟，我就會與神合一，我就會進入一個持續狂喜的狀態。」當然，這是對覺醒的一個深深誤解。

覺醒之際可能會有至福，因為那確實是覺醒的一項副產品，但它卻非覺醒本身。我們如果還在追逐覺醒的副產品，就會錯過那貨眞價實的東西。這

就是問題所在，因爲有許多靈性修練都以複製覺醒的副產品爲目標，而非促使覺醒本身發生。我們可以學習特定的靜心技巧，例如持咒或唱誦拜讚歌（bhajans，譯註：印度的祈禱歌曲），這的確能製造出某些正面經驗。人類意識的可塑性極高，透過一些特定的靈性法門、技巧與訓練，你的確能製造出許多覺醒的副產品，例如至福狀態、敞開等等，但經常發生的情況是，你最後僅僅獲得了覺醒的副產品，卻沒有獲得覺醒本身。

知道覺醒不是什麼相當重要，這能讓我們不再追逐覺醒的副產品。我們一定不能再藉由靈性修練來追求正面的情緒狀態。覺醒之路非關正面情緒。相反地，開悟很可能完全不是那麼輕鬆或正面的一件事。粉碎自己的幻覺並不輕鬆，放下長久以來的感知方式並不輕鬆。即便是識破那些導致我們承受巨大痛苦的幻覺，也可能必須經歷極大的抗拒。

這是許多人在展開一場靈性覺醒的探詢時，不知道自己即將投入的一件事。身爲一個老師，我在相對早期的時候就必須去發現學生是否眞的對眞實的東西感興趣——他們眞的想要眞理嗎？還是他們其實只是想要感覺更好而已？發現眞理的過程也許不是一個讓我們感覺越來越好的過程。它可能是一個讓我們必須誠實地、懇切地、確實地檢視事情的過程，而這可不見得是件輕鬆的事。

來自實相要求回歸實相的眞誠召喚、要求覺醒的眞誠召喚，來自我們內在一個非常深邃的地方。它來自一個想要眞理更甚於想要感覺更好的地方。如果我們想要的是在時時刻刻感覺更好，那麼我們會繼續欺騙自己，因爲試圖在這一刻感覺更好，正是我們用以欺騙自己的方式。我們認爲自己的幻覺會讓我們感覺更好。要覺醒，就必須打破總是想要感覺更好的模式。當然，我們想要感覺更好，那只是人類經驗的一部分。每個人都想要感覺良好。我們大腦的迴路設定就是要追求更多的愉悅、更少的痛苦，但是我們內在深處存在著一個更深層的驅策力，那就是我所謂的覺醒的驅策力。

正是這股覺醒的驅策力，賦予我們勇氣去檢視自己如何百般欺騙自己。這是一個呼喚我們爲自己的生命負起責任的驅策力。我們無法拚命抓著一位開悟老師的衣角而獲得開悟，事情不是那樣運作的。那麼做只會讓我們變得盲目，那代表我們不想自己去思考，那代表我們不想自己去檢視一切。當我們盲目地做著被告知的事情時，例如盲目追隨一種教導，只因爲它很古老或備受尊崇，那麼我們最後的結局恰恰就是獲得了我們要的東西——盲目。

另一個對於覺醒或開悟的大誤解，就是認爲它是某種神祕經驗。我們可能會期待一種類似與神合一的經驗：與環境融合爲一，或者消失於浩瀚的海洋裡。情況並非如此。覺醒也不等同於突然出現大量的宇宙性洞見，能夠洞悉整個宇宙如何構成、洞悉我們已知現實的內在運作方式。

我可以一直說下去，但是基本上，最重要的是必須了解，靈性覺醒與擁有神祕經驗十分不同。神祕經驗很美妙，它們在許多方面都是一個「我」所能擁有的最高、最愉悅之經驗。「我」總是在追尋合一。許多人所投入的靈性修練，都是爲了製造諸如此類的神祕經驗，無論我們談的是與什麼融合爲一的經驗，或是見到什麼神祇，或感到意識擴張至充滿整個時空都一樣。儘管如此，神祕經驗仍然不等同於覺醒。

我的意思不是神祕經驗沒有價值，也不是在說它們沒有轉化作用，因爲它們經常是有此作用的。神祕經驗可以在一個相當劇烈的程度上改變小我之我，而且經常十分正面。因此，在相對世界裡，神祕經驗有其價值，但是，若我們談論的是靈性覺醒，重點就不是個人經驗了。我們所談的是從那個「我」當中醒來。我們談的是從一個範式轉換至一個完全不同的範式，從一個世界轉換至另一個世界。

我並非在暗示說：一個覺醒的人所見的世界和你所見的世界不一樣。你看見一張椅子，覺醒的人也會看見一張椅子；你看見一部車子，一個覺醒的人也會看見一部車子。其中的差別在於：當一個人眞正覺醒過來，當一個人已經超越二元對立的帷幕，對他人而言看起來是相異且截然不同的事物，都會在本質上被他感知爲相同的。我們看見一張椅子，而同時，我們也不會將自己視爲與椅子分離。我們所見的一切、我們感受的一切、我們聽見的一切，都是同樣一件事的顯化。

真實覺醒的標記之一就是找尋的結束

隨著眞正的、眞實的覺醒到來，我們是誰、我們所是爲何，將會變得很清楚。這個問題已不復存在，已徹底解決。因此，眞實覺醒的標記之一就是找尋的結束，你再也感受不到那種動力、那種拉扯了。找尋者已經被揭穿，被認出一直以來都只是虛擬的現實，因此它也就消失了。找尋者在某種意義上已經完成了它的任務。它所提供的是一種必要的動力，以協助推動意識或靈性走出它與做夢狀態的認同，並協助它回歸至最自然的存在狀態。

現在，如果這是持續性的覺醒，那麼找尋者與找尋會完全消融殆盡。相反地，如果覺醒是屬於非持續型的，那麼找尋者與找尋可能會處於消融的過程之中，但是尚未完全消融殆盡。無論是哪一種形態，這種找尋者本身的消融很可能蛻變一個人的生命。對那些走在靈性之路上的人而言，我們所有的身分認同很可能完全圍繞著身爲一個找尋者這件事，生命很可能完全透過靈性追尋、透過對神、合一或開悟的渴望來定義。

然後，突然之間，覺醒發生了。找尋者，找尋這件事，以及整個圍繞著靈性探詢所構築的小我結構，轉瞬間消失了，這個身分認同已被識破，成爲如是的樣貌，變得不僅無意義而且毫無益處，於是，它脫落了。

覺醒的蜜月期

這種找尋者的脫落可能是一種如釋重負的體驗，它的特徵是我喜歡稱之爲覺醒蜜月期的現象。至少對我而言，這種找尋者與找尋本身脫落的經驗，就像是有人將肩上的重擔移除了。那是個非常具體的身體經驗，我眞的覺得有一個重量被移開了，而我從來不知道自己一直背負著這個重擔。

這是覺醒者常見的經驗。當意識從它的分離之夢甦醒，將會有巨大的解脫感。那就是爲什麼有些人會開始大笑，或狂哭，或出現一些深刻的情緒釋放現象，因爲他們正在感受那種終於置身做夢狀態之外的解脫感。我有時會將這些時刻稱爲初吻。覺醒有一點像是你的靈性初吻，你對實相第一次眞正的親吻，你頭一次認識了你是誰、你是什麼的眞相。

這段蜜月期可能會持續一天、一星期、半年甚或幾年之久，情況因人而異。這段蜜月期的特徵是完全的流動，你的存在、你的經驗裡完全沒有抗拒。一切皆流動無礙。生命就是一個流，萬事萬物似乎都按照著自己的意願在發生。你獲得了一種經驗性的了知，了悟到萬事萬物都是被動的作爲（being done），而身爲個別實體的你並未做任何事。

在最深的層次，這段蜜月期是一種完全的、徹底的無抗拒體驗。在這份無抗拒之中，生命的流動奇妙而美好，幾乎是魔法般的。事情會在它們需要出現的時候出現。不必眞的做決定，決定便已完成，一切事物皆有一種昭然可見的感覺。那是靈性完全不受阻礙，不受幻覺、制約或緊縮所腐化的經驗。這種流動性可能只是暫時的經驗，也可能會持續較久。有些人會被這個蜜月階段沖昏了頭，而有一段時間會變得喪失能力，陶醉於這種至福狀態達一星期、一個月甚或數年之久。

在古代，出現這種體驗的人會進入一個例如修道院等受到保護的環境，在這些地方，身邊的人都能夠了解這種狀況。他們會爲他準備一個小房間，讓這個過程的發生不受干擾。這些人很幸運，能夠在有人了解、被視爲正常，而且能夠獲得所需空間的環境下體驗覺醒。

在今天的社會，多數擁有這些領悟的人都不是生活在修道院裡，我們也不是置身在一個特別支持這種現象的環境。事實上，在我們這個社會，我們很可能會在星期六獲得一個不可思議的領悟，卻在星期一一早就必須回辦公室上班。如果你的心依然陶醉在至福裡，這確實會相當令人無所適從！然而，這就是我們當前生活的現實處境。多數現代人都無法擁有連續幾個月靜靜坐在山洞裡，讓事物自然脫落的奢侈。這就是我們這個世界的狀態，而對一些人來說，這會是一個有待克服的挑戰。

覺醒之後經常出現的無所適從

無論覺醒蜜月期是持續一天或一年，在某個時間點，一個人會開始審視周遭，了解到事情已經起了許多變化。曾經的生活目標已經不復存在，曾經緊緊抓住、用以定義我們自己的信念，現在也被揭穿了，變得虛無而不具任何實質性。我們多數的小我動機都已消失無蹤，這對頭腦來說可能會相當無所適從。唯有在這樣的時刻，人們才會開始了解到，之前在生命中驅策他們前進的事情，幾乎全是自我中心的。我這麼說並沒有任何負面或評斷的意思，我的意思只是，當我們處於做夢狀態，那些驅策著我們過生活的動力是非常自我中心的。我們的動機完全是以「我想要什麼？」與「我不想要什麼？」作爲往前推進的燃料。我們不斷在問這些問題：「我能成就什麼？誰會愛我？我能獲得多少喜悅？我能獲得多少幸福快樂？我能避開多少的不快樂？我可以找到對的工作嗎？我可以找到對的愛人嗎？我會開悟嗎？」這些全是自我中心的動機，其中的能量來源皆是小我的意識狀態。

再次重申，這不是壞的或錯的，它就只是如其所是。做夢狀態就是我們感知到分離的狀態，就是我們認爲自己是一個分離實體與一個分離存在的地方。那個分離的存在總是在尋找某種東西——愛、認可、成功、金錢，甚或開悟。但是隨著眞正的覺醒到來，整個分離的結構將開始在一個人的腳下融解。

依然有一個人存在，我們不會就這麼化爲一陣煙霧消失無蹤，甚至我們的性格也仍保持完好無損。耶穌有他的性格，佛陀也有他的性格，每個生活在地球上的人都有他的性格。嬰兒一離開母親的子宮就有自己的性格了。每個人各自有不同的性格，這是存在的美好之一。貓狗、飛鳥，甚至樹木，也都擁有不同的性格。

差別在於，我們已經穿透了分離的面紗，因此對某些性格的認同會開始剝落。即使我們已洞悉得非常深入，已出現重大的蛻變，基本的性格結構依然會存在。然而，過去慣常爲我們的性格、性格中舊有的指導方針，以及自我中心的驅動力增添燃料的東西，要不就是消失了，要不就是處於消失的過程。

以我自己為例，我在二十五歲的時候出現了穿透面紗的第一個瞥見。那次是屬於不持續的那一類型，不是永久的覺醒。儘管如此，我在那次了悟的某些東西卻再也沒有離開過我。內在深處的某個地方，我總是知道一切即一，也就是我是永恆的、不生不死的、無生的。我了解到，我最根本的本質並不會受到我所棲止的性格結構或肉體所局限或束縛。我所熟悉的世界與我所認識的自己，以稱得上是劇烈的方式，開始消融。在這世上活動，卻沒有之前充斥生活裡的那些動機，其實是件非常奇怪的事。其實，依然有某種程度的自我中心動機及以小我為中心的能量存在。但是，在小我的層次，以及源自小我的基本能量層次，也出現了大規模的消融現象。我在四處活動時告訴自己：「嗯，我為什麼應該這麼做？我為什麼應該那麼做？我不再有動力做這件事或那件事了。」過去我喜愛做的事，對我不再具有吸引力了。不是我抗拒它們或痛恨它們，而是，過去驅使我對這些特定領域產生追求興趣的自我中心能量，已經不復存在了。

這其實很常見。人們經常跑來告訴我：「天哪！我以前好愛做這些事，我以前有很多嗜好，而且很喜歡參加晚餐派對。我以前好喜歡玩風箏，」或跑步，或不管什麼以前他們很享受的事情。我告訴他們，有一些興趣會開始凋零，這很常見，特別是當他們對這項活動的興趣是由分離的能量供應燃料的時候。由於這些興趣其實是小我分化的表達，因此你好像會突然感覺：「它們跑到哪兒去了？」

如果我們是靈性修行者，我們衷心期盼的事情之一就是小我的消融。我們認知到小我狀態帶來的痛苦，然後希望我們永遠不要再受到它的纏縛。但是，覺醒本身並不等同於小我的消融。無論小我是否消融，我們都能夠覺醒。事實上，強大甚至具有破壞性的小我也是可能覺醒的。覺醒將啓動這個過程。覺醒的結果，亦即它的餘波或後果，就是小我的急劇消融。

這不表示小我會乖乖合作，小我可能會亮出所有的法寶來抗拒消融，它可能會搬出軍火庫裡的全部彈藥來對付。儘管如此，這個過程卻已經啓動了，而終究，一旦你對實相有了瞥見，怎樣也阻擋不了小我遲早的消融。

但是，這樣的消融發生時，很可能會非常令人無所適從。覺醒本身即可能非常令人無所適從。過去你視爲眞實的一切，你現在都已看見了它們的不眞實。過去你認爲自己所是的那個人，你現在也看見了，自己不是那個人。這件事本身很可能會充滿至福、帶來巨大解脫，同時卻也可能帶來無所適從的感受。「我現在又是誰呢？還有什麼能打動我？有什麼能爲這一個人帶來動力？」

當然，如果一個人完全覺醒，是不會有這些問題的。但是，在一開始覺醒的時候，就沒有什麼問題的情況很罕見。對多數人而言，覺醒之後仍有一個後續的過程，因此多數人仍會面臨這些問題。沒有什麼是靈性老師能給予你的標準答案，因爲任何答案都只會變成小我的另一個目標。更有益的是去了解：無所適從是覺醒的一部分，無所適從純屬自然，因爲一切都是新的。你是新的，你的感知是新的，而且現在，你對每件事、每個人的感知都已經改變了。

無所適從之所以出現，是因爲頭腦正掙扎著讓自己適應一個全新的脈絡，這情況好比你摔出了一架飛機。如果你放鬆，讓自己墜落，便沒有問題，但是你一旦開始在空中胡亂揮舞，試圖確認自己的位置，就會覺得非常無所適從，你會了解到，自己根本搞不清楚哪裡是上、哪裡是下。

因此，無所適從不必然是覺醒的觀點本具的東西，它是因爲頭腦試圖找出方向而產生的。覺醒觀點的其中一個關鍵就是沒有方向。實相不需要一個方向，如果有什麼方向，那就是深深的放鬆，允許一切如其所是。其實，藉著不去努力找出方向，你就會找到你的方向。你藉著徹底的放下而發現了方向。

有一個階段，我們會放下，但我們的意識並不會立即出現一股驅動我們生命的新能量。當然，這份能量是存在的，而且無論何時都一直流經我們，那是一種不分別的能量。

它直接來自那本源，絲毫沒有受到扭曲。但是，在小我動機的消融與這份能量在意識當中的升起之間，經常會有落差。因此，我們可能必須經歷這一段時期，覺得不知道覺醒之後會有什麼樣的新能量來驅動我們。

再次重申，最重要的是必須允許小我的消融過程發生。對多數人而言，這樣的消融過程會歷時幾年的時間。以我自己爲例，我甚至經過六年的時間，才出現了一次更深刻的領悟或覺醒，而它並非在根本上有所不同，而是更爲清澈、更爲深刻、更爲完整。爲了讓這份更深刻的了悟發生，一段六年的消融小我過程是必要的。回顧過去，我可以清楚看見這一點，因爲我和廣大的大多數群眾並無不同。在第一次瞥見覺醒之後，我們會經歷一段過程，而它將帶領我們走向一個更清晰且帶來更深刻感知的實相。

3

得而復失

從非持續到持續覺醒的這段旅程，我很喜歡打一個比方：火箭之旅。火箭必須借助巨大的推動力與龐大的能量，才能離開地表，在天空中飛行，最後進入太空。

如果火箭的燃料足夠，而且離開地表夠遠，它最後就能擺脫地心引力的影響。一旦火箭離開了地球的引力場，地球就不再有力量將它拉下來了。

藉著這個譬喻，我們可以將小我結構，或我所謂的做夢狀態看成地球。做夢狀態擁有一種引力，它有一種將意識拉向自己的傾向。這股引力其實就是一個人在整個靈性旅程中必須處理的東西。覺醒就是擺脫這一股引力。一開始，它可能只是離開做夢狀態，從「我」、分離以及孤立的做夢狀態當中醒來。我們雖然醒來了，但不表示意識已經不再受到做夢狀態的引力拉扯。如果我們尚未完全超越這個引力場，就會再度被拉向「我」的經驗，拉向分離的感知。

這造成了我所謂的「得而復失」現象。人們會說自己出現了對眞理的驚人了悟，但是隔天，下星期，下個月或明年，他們卻覺得自己失去了這份了悟。情況就像是飛離地表的火箭，在大氣中衝刺了幾哩之後，燃料用完了，現在，它開始被拉回地球。

以火箭作爲譬喻是一種理解覺醒過程的方法。覺醒本身的那一刻，也就是從做夢狀態轉變爲實相的瞬間，並不是一個過程，它總是自動發生。但是正如我說過的，小我的消融需要時間。儘管覺醒只消一瞬間，但是會有一個過程接續展開，也就是脫離做夢狀態之引力拉扯的過程。

「我醒了，但是……」

人們總是跑來告訴我：「阿迪亞，我醒了，但是……」當然，他們一開口說「但是」，身爲老師的我就知道他們在這一刻並不清醒。他們可能有一個片刻突破了二元對立而體認到眞理，但是他們尚未經驗到持續性的覺醒，他們現在不是覺醒的。

就覺醒而言，最重要的是此時、此地。昨天發生的事，其實和今天正在發生的事沒有太大的關係。問題不在於「我是否體驗到覺醒？」問題是「覺醒此時此地是否是醒著的？」

每當有人過來告訴我說：「阿迪亞，我有了一次覺醒，」我想要和對方釐清的第一件事就是他的頭腦是否已經「強迫收編」了覺醒。因爲如果對方是在說作爲小我的那個「我」有了一次覺醒，那就只不過是另一個幻覺。如果是眞正的覺醒，我們知道覺醒的不是那個「我」。是覺性從那個「我」當中甦醒了；靈性從它與小我的認同裡甦醒了。

小我不會覺醒，那個「我」不會覺醒。我們不是小我，我們不是那個「我」。我們是那個覺悟到小我與那個「我」的東西，我們是覺悟到這世界的東西，而從眞實的視角來看，我們也同時是這整個世界。

因此，身爲老師，我首先想要知道一個人是否從小我的立場宣稱自己覺醒了。那人是否眞的相信那個小小的「我」已經覺醒了？當然，在我們慣用的語言裡，我們會使用我這樣的字，所以使用這個字完全沒有問題。但是，作爲老師，我第一件要釐清的事情，而且我認爲每一個人內在都要釐清的事情就是：覺醒的不是那個「我」，是覺性從「我」當中醒過來。

或者如我經常說的：「是開悟開悟過來了。」開悟的不是「我」，開悟的不是那個人，開悟的是開悟本身。這可能很難理解，除非一個人親身體驗，但是當然，關於靈性的一切皆是如此，一切都必須在一個人的內在親自驗證。這種「得而復失」的現象是一種掙扎，我們的眞實本性與想像的自我感之間的掙扎。這表示我們的意識尚未超越、脫離小我做夢狀態的引力場，所以我們會在眞實本性與想像的自我感之間游移不定，來來回回，來來回回。

這可能會令人不知所措，覺得快要精神分裂似的。我們已經見過事物的更深實相，卻發現自己怎麼又回到了做夢狀態。一部分的我們依然知曉那更深的實相，一部分的我們也知道小我結構並非眞實。一部分的我們知道，無論頭腦相信什麼、無論它做出了什麼樣的詮釋，它眞的就只不過是身體與頭腦之中的一個夢。然而，做夢狀態的引力可能依然強大無比。縱然我們已經了知一己存在的眞相，還是會發現自己相信了小我。儘管我們知道在我們覺醒之前，我們要不相信一個念頭，要不就不相信一個念頭，那就是我們所知的一切，情況就是二選一這麼簡單。但是，在我們對覺醒有了瞥見之後，事情可能反而變得怪異。我們可能會同時相信又不相信一個念頭，或者我們會做出一些行爲，而我們很清楚那並非出自我們曾見過的那種不分裂的觀點。我們會覺得自己被一股自己不明瞭的內在動力所驅迫，去做一些我們知道並不眞實的事。

這種經驗有許多例子。如果你認知到自己有這種現象，我只能說，這十分常見，但不表示這就不令人困惑。這種感覺經常就像是你倒退了一大步。你怎能同時相信又不相信一個念頭？你怎能在與某人的對話裡，說著出自小我的話，對它們的來處心知肚明，卻又仍然說出了口？這實在令人不知所措。

這時，許多人會假設自己可能犯了什麼錯、有什麼事出了嚴重的差錯。但重要的是必須知道，沒有什麼事情出錯，你沒有犯什麼錯。這只是一個人覺醒的下一個階段、下一個開展過程。如同我說過的，一個人在初次覺醒時便獲得持續性的覺醒是很少見的。這種事會發生，但並不如另一種覺醒那麼常見，也就是我們的了悟會游移不定。

有些老師會說，如果覺醒游移不定，它就不是真正的覺醒。我不這麼想，理由我已經描述過。如果我們曾見過眞理，就是曾見過眞理，無論是見了它兩秒鐘或兩千年，都是同樣的眞理。

覺醒來了，風險高了

在你的覺醒游移不定的這個特定階段，也就是好像有人將電燈開關忽開忽關，反反復復操弄著一件你無法掌控的事這個階段，你該怎麼辦呢？

首先，你要明白，沒有什麼事出了差錯，這不過是你旅程的下一段路途。如果你逃離這種經驗，如果你試圖跑回去尋找那個覺醒的地方，想要以此解決這兩難的困境，那麼你就是在逃避這一段旅程。一旦你了解到這裡沒有問題，你會看見，或許仍有一些困惑、一些痛苦存在，但那沒有關係。游移不定可能是件很痛苦的事。事實上，在見過並且明知它的不眞實之後依然以那樣的方式行動，是件更加令人痛苦的事。在此之前，我們可能會做出一些基於謊言的行爲，但那時我們一無所知，我們全然沉浸於做夢狀態。正如耶穌說過的：「請原諒他們，因爲他們不知道自己在做什麼。」當我們處於做夢狀態，我們的確不知道自己在做什麼，我們只是根據根深柢固的既定程式在行動。但是，我們一旦見到了事物的眞實本性，一旦靈性在我們內在張開了眼睛，我們會突然明白自己在做什麼。對於自己的行爲、言論甚或思想是否是基於眞相，我們的感覺會更爲正確。當我們明知故犯，明知自己的言行舉止根據的是謊言，那比不知道自己的行爲是謊言更加令人痛苦。當我們對某人說著明知是謊言的事，它所造成的內心痛苦遠比我們不知道它是謊言時大得多。

因此，隨著覺醒的到來，風險也變高了。我們變得越是覺醒，風險就越高。我記得自己有一段時間待在一座佛教寺院裡，那裡的住持是一位很了不起的女士，她談到覺醒的過程好比攀爬一座階梯。隨著你一步步往上爬，你就越來越不會往下看，越來越不會以明知不眞實的方式來行動，不會說出明知是謊言的事，或做出你明知並非來自眞相的事。你會開始領悟到，後果變得越來越嚴重，我們越是覺醒，後果就越嚴重。最後，眞相之外的任何作爲所帶來的後果會變得巨大無比，任何不符合眞相的、最微小的行爲舉止，都會讓我們難以承受。

這種責任感應該不是我們想像著覺醒是何模樣時所期盼的。我們以爲，覺醒就像是一張讓你「獲得出獄般自由」的票卡。剛開始的時候，我們與覺醒的靈性自由之間所擁有的關係是幼稚的。我們以爲自由是件個人的事、是關於那不可思議的美好感受與自由。然而，自由遠比那微妙。它不是件個人的事，它不是我們所獲取的某樣東西。

隨著我們變得越來越有意識，我們會開始看見，後果是存在的。每一件事都有其後果，而且我們越是以不符我們所知的眞相來行動，它們就越是巨大。這其實是一件美妙的事，這就是我所謂的**兇猛的恩典**（fierce grace）。這不是溫和的恩典，這不是那種既美麗又讓人情緒高昂的恩典，但這仍然是一種恩典。我們知道，每當我們從謊言來行動，我們只會爲自己製造痛苦。這樣的了知就是一種恩典。

實相總是忠於它自己。當你與它保持和諧，你便能體驗到至福。一旦你變得與它不和諧，你便體驗到痛苦。這就是宇宙的法則，就是事物本然的樣子。沒有人能逃脫這樣的法則。對我而言，這樣的了知就是恩典。實相是一致的，你與之爭辯、與之對抗，它就會傷人，屢試不爽。它會傷你，也會傷其他人，它會間接導致所有眾生的普遍衝突。

不過，這份兇猛也是美好的，它能幫助我們走向正確的方向、更加深入自己的眞實本性。我們會領悟到，除了眞實本性，出自其他任何地方的行爲舉止，都會對自己造成重大的破壞，同樣重要的是，它對這世界和我們周遭的人亦是如此。我們對這一點越是明白，就越能夠在我們脫軌的時候將自己校正回來。

制約的動能

那麼，爲什麼覺醒會游移不定呢？它與我們的制約有絕大多數的關係。我們內在有一些領域的制約是如此之深，因此一開始的時候，就連覺醒也無法穿透它們。正因如此，我們尚未變得完全自由。

制約的另一個替換詞就是業（karma）。業這個名詞來自東方，若不深入任何密修意義或解釋，它的意思就是因果。它指的是我們從生活經驗所接收到的制約，也就是我們基於過去經驗而特別喜歡或不喜歡的事物。

我們的制約有大部分是來自我們的原生家庭、我們所過的生活、我們參與的情境，以及我們所擁有的生活經驗。父母與社會以他們的看法、信念、道德觀或標準制約了我們的身體與頭腦，我們因此而喜歡或不喜歡某些事物，也會想要或不想要某些情境出現，或者追求名利或財富或金錢或靈性或者愛。

所有這一切都會納入我們的制約，這情況有一些類似電腦程式。如果你有一部電腦，然後下載了一個程式到電腦裡，你便是在「制約」這部電腦以特定的方式表現。這確實就和發生在人類身上的制約一樣。透過生活環境與成長背景，以及其他情境的熏陶，人類於是受到了制約，或說被設定了程式，以致於表現出特定的言行舉止。

你會注意到，如果你與一個人熟識，變成他們的好朋友、愛人，或者伴侶，你也會了解他們的制約是什麼。因此，你可以預測他們在特定情況下會有什麼樣的反應，而且準確度很高，你會知道他們想要什麼、不想要什麼，他們會避免些什麼、追求些什麼。一旦我們了解了彼此的制約，行爲就變得十分容易預測。

大多數人的自我感都是源自他們的制約。他們其實是被制約、被告知、被教育說他們是何許人。你很好，你很壞，你值得或不值，可愛或不可愛等等，這一切都是制約，這一切也創造出一個錯誤的自我感。

同樣地，我們也因爲受到制約而對世界抱持著特定看法。我們被教育說要透過某種眼光看世界。有些人認爲這世界是個美妙的地方，有些人則認爲它充滿了險惡。有些人傾向於持自由觀點，有些人則傾向於持保守觀點。所有這些都是身體與頭腦的一部分制約，所有這些也都會納入一個人對生活，以及對自己的二元觀點結構裡。這樣的二元對立性，就是我談論制約時所指的意思。

然而，在眞實覺醒的一瞬間，靈性或意識會從這樣的制約當中解放出來。它會突然從自己那受制約的自我當中甦醒，彷彿大夢初醒一般。我們唯有從那種受制約的、虛幻的自我當中甦醒，才會知道那樣的制約究竟有多麼沉重，又是一個多麼難以想像的負擔。

在覺醒的那一瞬間，或許覺醒之後的一段時間裡，覺醒者完全不會有制約會再度出現或變成一個大問題這樣的感覺。這是覺醒狀態的正字標記之一，亦即會有一種永遠不會再認同於受制約的自我這樣的感覺。再度踏進分離狀態，似乎是難以想像的一件事。這種終結的感覺，是覺性狀態本身固有的。

然而，到了某個時間點，多數體驗過覺醒的人會發現，自己的制約又出現了。當然，覺醒之風吹散了爲數龐大的制約，它的確將它們吹出身心系統之外了。至於有多少制約被吹出了系統外，便因人而異了。有些人有百分之十的制約被吹走，有些人多達百分之九十，有些人則介於中間值。

爲什麼覺醒會這樣影響一個人的制約，卻又那樣影響另一個人的制約，這很難說。我可以做一些推測、做一些形而上的討論來探討其中的可能性，但是終究，原因並不重要。無論如何，我們要處理的還是要處理。顯然每一個生命體都承襲了不同的業，每個人也攜帶著不同的業力包袱。抱怨自己的業力包袱沒有任何好處，無論你將它視爲比別人好或不好都一樣。它只是如其所是而已。業力包袱其實和我們是否能覺醒沒有關係，但是它可能和覺醒那一刻之後所發生的事有關。

問對問題

當一個人的覺醒游移不定，他經常會問我：「我如何停留在覺醒狀態？」那是問錯問題了。在靈性領域，問對問題相當重要。不知道如何停留在覺醒狀態，是件完全合理的事，但是問題本身卻是從做夢狀態升起的。靈性從來不會問它自己：「我如何停留在自己裡面？」那不是很可笑嗎？就事物的眞正本質而言，這毫無意義可言。較有意義的是問自己如何讓自己變回不開悟了。仍執著些什麼？是什麼依然令人困惑？生命中有什麼樣的處境能讓你相信不眞實的事物，進而造成了你的衝突、受苦與分離？有什麼東西具有特別的力量，能引誘意識回到做夢狀態的引力場當中？我們不應該問：「我如何停留在覺醒狀態？」我們反而要問：「我怎麼讓自己不開悟了？到底是什麼特定原因，讓我又將自己推回幻覺裡？」

這個問題沒有答案，一如這個問題沒有理由。人們不是以一種單一的方式在做這件事。人們被做夢狀態的引力拉回去了，而這有許多原因，包括無意識的假設與信念模式依然在運轉、不知怎麼地在覺醒的爆炸性本質當中倖存並重建的無意識衝突，以及各種形式的制約等等。

在此，這一過程變成必須與自己建立正確的關係，並深入檢視到底是什麼東西導致你又回到了分離的催眠狀態裡。你必須開始準確地找出讓自己再度昏睡的特定方式、特定念頭，以及特定信念。

這個覺醒之後的開展階段，不在於從事什麼稀有的靈性修練。從我們一己存在浮出檯面的許多制約，進入了混亂龐雜的整體存在裡。我們必須與各種處境、各種人產生關係，與情人、朋友、孩子等各種角色互動。生活這些粗糙不平的質地，才是靈性眞正接受考驗的地方。這時需要的，是一種讓生活衝擊你的意願，在生活衝擊你的時候，讓自己好好去看，看看你面對它時，是否會進入某種分離狀態、是否會流於評斷、是否會一味責怪、是否會開始陷入「應該」或「不應該」、是否會開始用手指指著除了自己以外的任何事物。

這是開始嚴肅面對一個事實：唯一一個能造成我們痛苦、唯一能導致我們對幻相與分離產生錯覺、唯一擁有這麼大能耐的人，就是我們自己。沒有任何外在環境裡的東西能令我們失去覺醒狀態。沒有任何我們遇見的人、我們所面對的處境，擁有那種令我們摔落至覺醒之外的力量。

這是最重要的領悟之一。它完全是件內在的工作，它完全是我們錯誤地、不知不覺地、經常是無意識地對自己做了什麼的問題。

因此，這裡的差別在於，如果我們真的覺醒了，就不會與所有這些殘留的業力制約產生那麼大的個人關係。覺醒之前，我們的制約會被視爲是極度個人的。我們的制約定義了我們，我們的自我感也是衍生於一己的制約，以及自己那錯誤的自我、我們的信念、意見、欲望，還有其他種種。覺醒之前，我們被纏縛於做夢狀態裡，而做夢狀態也定義了我們。一旦覺醒發生了，如果它是眞實的、無僞的，我們會領悟到，即使幻覺依然存在，也已不再是個人的了，它們無法定義我們。

這對我們是極大的優勢。如果你的自我感不透過某件事來定義，它處理起來會變得容易多了，不再那麼令人畏懼了。一旦你出於覺醒狀態而認知到一個人的業是非關個人的，與任何的自我、任何人、任何個人都無關，你的處境將會更容易處理。我們會了解到，我們所經歷的都是幻覺，它只是誤解的一種衝力和動能。

這情況好比你坐在車子裡，在公路上奔馳，突然之間，你將腳抬離了油門。腳離開的那一瞬間，就是覺醒的譬喻：「喔，我的天哪！這部車子不能定義我。駕駛這部車子不能定義我。腳踩在油門上也不能定義我。這部車駛向何處不能定義我。窗外經過的景色也不能定義我。這一切的一切都和我是誰一點關係也沒有。」這就是覺醒顯示予你的東西。

當我們覺醒了，我們便不再爲分離的催眠狀態增添燃料，我們不再爲它灌注能量。但是，儘管你已不再將腳踩回油門上，車子依然存有殘留的動能，也就是業力動能。在多數的例子裡，它不會馬上停止，而是仍有一股會隨著時間逐漸減緩的動能。

話雖如此，我們也可能再次爲既有的動能增加能量。我們必須仔細留意，找出自己每一次重新跳回車上、將腳踩回油門的時刻。每一次我們重新與制約或業認同、每一次我們相信了一個念頭，就是將能量灌注回做夢狀態，就是將腳重新踩在油門上。

因此，覺醒之後的過程是要學習如何不讓腳踩在油門上，然後認出是什麼東西讓你將腳又放了回去。即使這是非個人的，亦即這種重新認同的現象完全是自發性的，它既非針對任何人發生，也不是任何人的錯，但是我們仍然需要探究它是如何發生的。

如此一來，生活遂成了你的最佳盟友。如同我曾說過的，生活就是靈性眞正接受考驗的地方。生活會顯示予我們，告訴我們還有哪裡不清楚。與生活的關係、和他人的關係，都能清楚告訴我們，我們會輕易陷入糾纏的地方在哪裡。如果我們有足夠的眞心誠意，就不會試圖躲在覺醒狀態的回憶裡，就不會躲在對那絕對的了悟當中。我們會走出躲藏之處，我們不會緊緊抓住任何東西。

我要說的是：前一刻似乎覺醒，下一刻又似乎昏睡的情況是非常自然的現象。覺得自己失去了上個星期、上個月或是去年出現的了悟，是很自然的。最重要的是要知道，這非常自然，沒什麼事出差錯，一切只是進入了一個更深的層次。你的整個身心系統正在獲得更深入的疏通與清理。你現在能更清晰地看見自己，你也能以更生動鮮明的方式看見自己陷入分離的傾向。你看見了過去是無意識的事情。它們驅策著你，而你卻完全不曾眞正了解到底發生了什麼事。但是現在，你可以開始看見過去那些無意識的東西。允許一切變得越來越有意識，這就是覺醒後的過程裡的一大部分。

迷戀那絕對的，以躲避人性

我所教導的，不應被錯當成是一套自我改善計畫。這件事的重點並非要變成一個完美的生命體，而是去看見是什麼造成了一個人內在的分裂。這和設定變成一個完美之人這樣的目標截然不同，因爲覺醒與開悟，和變得完美、神聖或像聖人般崇高一點關係也沒有。眞正的神聖（holy），是從整體（wholeness，譯注：「神聖」與「整體、完整」的英文來自同一字根）來感知，這表示內在不分裂。是那分裂我們內在的東西需要獲得療癒。在曾見覺醒之後，需要的是一種意願：願意徹底誠實，願意去探究我們如何失去開悟、我們如何讓自己回到做夢狀態的引力場域內、我們如何允許自己分裂了。

身爲靈性老師，讓人們達到這樣的誠實狀態，或建議他們走向這個方向，是件相當艱難的事。這是因爲小我結構有一種強烈的傾向，喜歡利用覺醒作爲逃避一己內在所有分裂的理由。當我提出我在此所談論的一些建議，例如認出我們在哪裡失去了我們的開悟，我的一些學生會說：「但是，沒有人在做這件事。這裡已經沒有人了。小我與這個人都是幻覺，所以其實沒有人來向內看。」從覺醒的感知來說，一切都沒有問題，即使事情完全一團亂也是一樣。就覺醒的感知而言，並沒有什麼問題，因此無事可做。如果你感知到有什麼事可做，就是被幻覺欺騙了。

對任何一位靈性老師來說，要讓學生徹底了解這一點、讓他們不再緊緊抓住自己對那絕對觀點的執迷，可能是件非常困難的事。這就是覺醒的另一個危險：產生緊抓住一個失衡觀點的傾向。我們緊抓住覺醒的絕對觀點，然後否認其他一切。事實上，是小我以這種方式執迷於那絕對的，利用它當作藉口，以排除不開悟之行爲、思想模式，以及分裂的情緒狀態。一旦我們緊緊抓住了任何的見解，我們對其他一切就視而不見了。

這就是我爲什麼要強調，在旅途的這一個階段，很重要的一點是對自己極度誠實的意願，也就是一份眞誠的承諾。是的，的確有那絕對的觀點。一切都沒有問題，也沒有一個分離的自我，這都是眞的。沒有人來做我所說的那些事，這也是眞的。但是我在此不是在對小我說話。我不是在告訴小我，說它必須做這個、不必做那個。我不是在對任何與分離自我有關的任何東西說話。我說話的對象，是實相本身。靈性在此在對著靈性說話。實相在對著實相說話。

這聽來可能像是我在對著一個人講話或指示一個人，但其實不然。我在此談論的，是覺醒的感知內所本有的。那覺醒的，永遠在朝著那未覺醒的移動。那覺醒的，對那未覺醒的沒有絲毫恐懼。它沒有任何恐懼，因爲它不會將任何事物感知、體認爲分離的或有別於自己的。那覺醒的，甚至不會將幻想或做夢狀態感知爲分離的或有別於自己的。它所見的一切都是自己，完全等同於自己。

但是，如果我們夠誠實，在這同時，我們會注意到，在一己存在的眞相裡，有一種固有的、朝著釋放一切限制、朝著將我們從做夢狀態裡釋放而移動的動力。有一種從仇恨、無知、貪婪，或任何局限中解脫的欲望（用這個詞是因爲缺乏更好的字眼）。我們一己存在的眞相，若不將自己從自己的誤解、自己的執迷與幻覺當中解放，是不會滿足的。

身爲一個人，要讓這件事發生，就必須願意對自己誠實。在不否認自己所見的同時，也必須去看見事物在此時此地運作的方式。我們必須去檢視，我們必須問：「我的內在有什麼依然會陷入分裂？我的內在有什麼依然會陷入仇恨、陷入無知、陷入貪婪當中？我的內在有什麼會造成我的分離、孤立或充滿悲傷的感覺？我內在那些不那麼覺醒的地方到底在哪裡？」

我們必須去看看這些地方，因爲我們內在那覺醒的，是充滿慈悲的。它的本質就是無分裂、無條件的愛。它不會離開那未覺醒的，它會朝向它移動。我們內在那覺醒的，不會從我們思想模式或行爲舉止的矛盾裡移開。它不會從執迷移開，它不會從任何痛苦裡移開，而是剛好相反。它會朝著它們移動。

那就是爲什麼有那麼多眞正開悟的人，那些宣稱一切都很好、一切都沒問題，那些認知到沒有必要改變任何事或任何人的人，往往也是那些照料受苦族群的人、照料那些尙未體認到眞理的人。眞正開悟的人，往往也是那些爲了他人的福祉，而完全奉獻一己生命的人。

那麼，他們爲何這麼做？如果一切都如其所是地完美，如果沒有什麼事需要改變，如果一切都是如其所是地神聖，如果一切都很好，即使一切並沒有那麼好，那麼，爲什麼這些開悟的人會將生命全部奉獻在他人的福祉上？有什麼意義呢？是啊，不會有任何意義。如果絕對的觀點就是唯一途徑，他們就不會這麼做。

我會說，之所以有這麼多在覺醒之路上超前的人，最後卻將自己奉獻給他人的福祉，原因就是他們不迷戀絕對的觀點。他們並不否認完美的絕對觀點，他們只是敞開自己去感知更多。他們敞開自己去感知實相裡本具的慈悲。

實相正處於讓它自己的一切覺醒到自己的過程，而如果我們迷戀那絕對觀點，如果我們利用絕對觀點來躲避人性，將會難以看見這個部分。我們的人性亦是神聖的，我們的人性也在追尋，希望能被眞理和實相所穿透。

爲了讓這完整的覺醒過程能夠自行圓滿，就必須要完完全全地眞誠。這和治療師的方法大異其趣。我們不是在研究自己，爲了變得快樂而試圖修理什麼東西，那是從做夢狀態的視角在運作，如果我們仍處於做夢狀態，那可能會管用。我在此談論的是一個截然不同的動機。那是認知到，實相固有的本質就是讓自己的一切覺醒到它自己。那就是實相正在做的事。在你的內在、在每一個人的內在，實相在移動，在喚醒自己的一切，以覺醒到它自己。我們人類結構裡的一切事物，都將在這一過程裡顯露無遺。

我們必須完全不再躲避任何事物。人們有時會問我：「嗯，阿迪亞，這到底是什麼意思啊？我應該怎麼做？」我說，從最簡單的事開始吧！不要再逃避任何事。如果你內在有什麼懸而未決的事，轉身面向它。面對它、直視它，別再躲避。別再跑向相反的方向。別再利用覺醒的時刻作爲一種手段，讓自己不用去處理你內在不那麼覺醒的東西。

開始面對它，開始去看它。在這份好好看看自己的單純的意願、單純的眞誠裡，眞相會開始自行揭露。這不必然是一種有技巧的努力，唯一的技巧就是眞誠，我們必須眞的想要眞理。甚至，我們必須想要眞理更甚於想要體驗眞理。這份眞誠並非我們可以強加的東西，它是實相裡本有的。

這種徹底的眞誠對一些人來說可能很難找到。我們可能對事物的本質產生了不起的瞥見，然後又掉回二元對立的引力場內，而且發現自己的身心依然充滿了可怕的衝突，這實在是件令人驚訝的事。這著實會讓人大吃一驚，不只是對內在發生這些事的當事人而言，對他們周遭的人而言亦是如此。短短前一分鐘，這個人可能智慧閃耀，而下一分鐘，馬上被幻覺嚴重迷惑。這不但造成當事人的困惑，也對他周圍的人造成了相當的困惑。

事實上，這使得一些人開始懷疑覺醒的本質。某人擁有一次偉大的覺醒經驗，但他依然是一個混蛋。所以，誰還在乎覺不覺醒啊？雖然這是可以理解的，但只有尚未完全了解覺醒過程的人會做出這樣的結論。事實上，我們很可能會對事物的眞實本性擁有非常深刻的洞見，同時在人性層次上，依然在生活的某些領域持續充滿衝突與迷惑。我們需要一份眞誠，讓我們不再閃躲這一點，而能夠眞正轉身、直視並且面對我們認知爲不那麼覺醒的地方、不那麼統合的地方。當我們感知到內在的分裂時，我們一定要面對它。

4

我們以娑婆世界的方式抵達涅槃

如果我們能擁有覺醒這一刻，然後永遠不再被思想的幻覺所纏縛，那會是多麼美好，但是誠如我說過的，情況通常不是如此。我們可以對一己的眞實本性擁有深刻了悟，看見頭腦本身就是一個夢、我們所認爲的自己也是一個夢，但那不見得就表示我們永遠不會再被思想所迷惑。有某些思想念頭會繼續生起，我將它們稱爲「魔鬼氈」念頭，它們是那種在某些迷惑我們的處境裡會自動出現的念頭。這一類的念頭，會導致我們幾乎立刻重新與思想模式認同。它可能是一個評斷的念頭，一個讓人覺得羞愧或渺小的念頭，或者它也可能是一個讓人覺得憤怒或想興師問罪的念頭。

某些「粘噠噠」的思想模式在覺醒之後仍會復發，這一事實對許多人來說確實有些令人失望。他們可能相信，如果自己有了眞實的覺醒，就絕對不會再去相信導致自己痛苦的思想念頭，但這不見得是眞的。不過，如果靈性覺醒在我們內在變得更加成熟，我們看得越透徹，就越來越不會陷入思想念頭的圈套，這確實是眞的。

我記得有人問了我最喜愛的印度聖者之一尼薩伽達塔．馬哈拉吉（Nisargadatta Maharaj）一個問題：小我的性格是否從來沒有在他之內生起。他輕描淡寫地說：「當然有，但是我立刻就看見它是個幻覺，然後就扔掉它了。」聽見這樣的話眞是太美妙了——即使是像尼薩伽達塔這樣具有崇高靈性地位的人都說，舊有的、受制約的傾向一直都有再度生起的可能性。他只是單純地在它生起的當下認出了它的虛幻本質，而在那樣的看當中，他便將它拋棄了，它消融了。

像尼薩伽達塔這樣的人，一個靈性覺醒已非常成熟的人可以這麼做，然而多數人一開始並非如此，甚至在一次深刻的覺醒之後也並非如此。

事實上，常見的是，一些最深、最緊縮的思想模式會在覺醒之後相繼出現，有時候，這會令人非常訝異。當我們覺醒的時候，就像蓋子被扯掉，使我們失去了壓制的能力，而覺得難以牽制、阻擋任何事物。在覺醒後的蕩漾餘波中，一些非常強而有力的思想形式會生起，它們就是那些我們深深壓抑、試圖保持無意識的東西。現在，一切事物開始攤開在存在的照耀下了。經常，我們會發現，某些思想眞的有能力像魔鬼氈一樣，將我們暫時粘附在一個認同狀態裡。

透過探詢獲得自由

在這樣的時刻，重要的是要避免我所謂的靈性繞道，也就是撇開那些思想、忽視我們再度陷入認同狀態這個事實。我們常常爲此拿出非二元概念的說法，我們會告訴自己：「喔，那只是認同罷了。沒關係，反正沒有人在做任何事。畢竟，一切都是自動發生。」這是躲避自身經驗的一種微妙而有效的方法，它讓我們避免處理自己繼續產生認同的傾向。然而重要的是，要願意清楚地、誠實地好好看看這些認同的時刻。

這種自我探詢能以多種方式來進行。我發現，書寫在覺醒之前和之後的一段時間裡都對我很有幫助。如果我注意到自己又溜回認同裡，我就會帶著筆記本和一隻筆到咖啡館，將它寫下來。寫下發生的事，確實能幫助我進入那個觸發認同的思想模式。我會精確地定義出那個讓我陷入其中的念頭或信念，以及該念頭的內在世界觀。

舉例而言，如果我們做了一件讓自己覺得很蠢或很窘的事，我們的頭腦可能會想：「我不該那麼做！」或「我眞是笨啊！」如果你能針對一個這麼小的念頭，開始打開它，你會立刻看見，念頭與感覺是連在一起的，其中一個其實是進入另一個的一道門。「我不該那麼做」的念頭是來自一種感覺，也許是困窘或憤怒的感覺。這麼做時，我們會看見該念頭的內在世界觀，看見它如何將我們拉回認同狀態。

有一點十分重要，就是我們不要將這種探詢方式作爲純粹的心理工具。如果這麼做，我們會開始從心理層面去理解一切事情，而問題是，心理層面經常是與情緒層面脫節的。我們的頭腦可能非常清楚地了解一件事，但情緒上依然感到衝突。當我們去探詢，重要的是要用上身體與頭腦兩者，包括感覺與思想。我們必須看見哪些思想是從感覺生出的。這是一個循環：思想創造出一種感覺，而那種感覺又創造出下一個思想，然後它又創造出下一件事。

當我帶著紙筆來到咖啡館，我會非常精準地指出造成認同狀態的念頭到底是哪一個，然後將它寫下來。我會看看這個念頭到底是如何看待這世界的，要這麼做，我必須深入自己的感覺。我必須瞄準那個相信該特定念頭的東西，無論它是譴責，或困窘，或任何你在感覺層次製造的東西。然後，我會深入那個感覺，允許自己去感受那種感覺。

下個步驟是問問我自己，對感覺有何信念模式。這種感覺是如何看待世界的？這種感覺又如何看待自己呢？有什麼樣的世界觀？我開始看見的是，每一種念頭與感覺，其中都包含著一個世界，一個完整的信念結構。透過願意進入那種感覺的意願，我發現，感覺有它自己的聲音。我會在頭腦裡聽見那個聲音，然後我會發現，它擁有某些特定的信念與想法。

我們經常會發現，包藏在我們思想與感覺裡的信念與想法，來自童年時期。它們可能源自一個感到困窘或被鄙視或羞恥或驚嚇或憤怒或傷心的早期記憶。如果我們開始以靜心的方式深入探察，進入那個身體和頭腦連結之處，我們的探詢就能揭開這些深埋的內在經驗。你不能只是想著它，你不能說：「這是一個念頭，我知道它不是眞的，」然後就結束了。我有時候會花上好幾個小時的時間待在咖啡館裡，直到我徹徹底底了解一個思想模式才肯離開。我知道，如果那個念頭能將我鉤進認同狀態，那麼另一個念頭也可能讓我再度上鉤。我們變得越是清醒，那樣的再度認同就會造成越大的傷害，就像被強行拉出天堂，回到了地獄裡。當你覺得自己好像在地獄那般，你會不擇手段讓自己解脫。

因此，我會非常勤快、努力地運用這種探詢過程。我會持續不懈，直到我看透了認同的那一刻爲止。當它完全從我的身心系統釋放時，我會知道我已經到了。

我必須在幾種不同的場合重新審視某些思想、感覺與反應模式。每一次，洞察過程都會更加深入，揭露的東西越來越多。然後，我會來到核心的信念、思想與感覺。這時需要的，是一種堅持探詢的意願，好讓幻覺能連根拔除。

這就好比在院子除草。我在院子除草時，很慚愧我必須說，我經常只拔除了雜草上面的葉子部分而已，我妻子則不然，她比較有耐心。她除草的時候，會將它們連根拔起。你知道她是眞的確實除草了，因爲野草在接下來幾個月都不會再長出來。若是換成我除草，下星期新的雜草就長出來了。

幸好，我不會那樣對待我的內在生命。在我所描述的探詢過程裡，我發現自己非常專注。我願意探索得極爲深入，一路往前挺進，直搗一切導致痛苦反應之思想根源。

我不是在建議每個人都採用書寫過程，每個人都必須找到適合自己的方法。或許書寫能幫助你，也或許以靜心冥思的方式來探究思想模式能幫助你。終究，重要的是深入思想與感覺過程的最核心。唯有如此，我們才能發現在當下製造出痛苦的虛幻信念。

我們多數人都曾在生命中有過艱困的時刻，在那樣的時刻，我們會發展出自發的應付策略。當我們還年幼時，若有某個事件發生，造成我們尚無能力面對的痛苦，我們就會發展出某種信念，讓自己安然度過險境。

或許有個孩子的父母無法盡父母之責，而對孩子來說，他還無法面對父母無法好好照顧他的事實，這種認知對孩子的幸福造成太大的威脅了，因此他會創造出一個較無威脅性的故事，來幫助自己安然度過困境。他不將父母視爲運作不良的，反而可能形成了一種信念模式：認爲是他自己有問題。在那樣的情況下，建立這種信念模式有助於讓我們應付並且度過艱難的時刻。我們從孩提時代便形成了這樣的模式，但它也會持續至往後的日子。

若我們能眞誠地透過探詢而深入這些信念模式，會發現它們不再是有效的策略了。儘管它們過去曾協助我們度過難關，但現在它已經無效了。思想本身並非一個有用的策略。無論是任何事件，針對它對自己說故事永遠都會造成痛苦。終究，我們針對過去或現在在頭腦裡製造的任何構想，都會與如是的生命本身互相衝突，與眞正發生的事互相衝突。

當這些魔鬼氈似的思想與情緒生起，關鍵是要面對並且探究它底下的所有信念結構。在那樣的時刻，探詢就是你的靈性修練。逃避這樣的修練就是逃避你自己的覺醒。你生命中逃避的任何事都會再度回來，一而再、再而三地回來，直到你願意面對它，願意深深穿透它的眞正本質爲止。

再次強調，要知道我們是否已經看穿某件事的眞實本性，唯一的方式就是看見我們對自己述說的故事鬆脫了。它不僅被視爲幻相，也被感覺爲幻相。我經常告訴學生要盯緊它，直到它脫落爲止。你必須選擇做靜心探詢，或是變成一個受害者。這是你擁有的兩種選擇——變成你一己想法與概念的受害者，或是去深入感受它們，直到它們脫落。

透過探詢，我們才能看見一切信念的價值都相等。我認爲某人該做什麼或不該做什麼並無價值，他們實際上所做的，和我認爲他們應該怎麼做的，價值其實相等。唯有當我們看見我們的思想、評斷與意見，和其對立面一樣眞實，思想的兩極才能獲得平衡。如果對立的思想和我所相信的信念一樣眞實，那麼思想的整個結構就崩潰了。如果和我不同的意見，和我的意見有相等的存在權利，那麼就不可能說哪一個意見是眞的、是確實的。它們都是眞的或不眞的其中之一。我們若能看見這一點，對立面就能在內在獲得平衡，思想也不再兩極化了。唯有當思想以這種方式獲得了平衡，思考的二元對立結構才會喪失其效力而開始崩潰。

這不是我們看過一次就結束的東西，我們在每一次必要的時候，都要這麼看。沒有「過去的覺醒」這種東西。過去的覺醒已經過去了，唯一重要的是當下。我現在是否覺醒到眞相？是否不僅僅發生在頭腦裡，而是發生在一己的整個存在裡？我是否眞的看見，個人世界觀與個人自我的整個結構，只不過是存在於宇宙性頭腦裡的一個夢？這才是眞正重要的。

我們昨天看見的，不一定會對今天產生影響。如果它依然是活躍的、依然有生命力，而且那就是我們現在體認到的，那麼很好，我們是自由的。若非如此，我們就必須走出否認。我們必須願意去看見：我們在相信某些東西、我們仍緊抓著某些東西不放。

不要讓幻覺就這麼溜過的意圖十分重要。我的老師告訴我，我們是藉由「娑婆世界」（samsara，譯注：梵文，指由業力推動的輪迴現象與人世間）的方式抵達涅槃。我們是藉由束縛的方式抵達眞理、抵達自由。我們藉由看透事物的虛幻本質，而看見一切事物的眞實本質。

我們不是藉由避開娑婆世界而抵達涅槃。我們不是藉由避開地獄或試圖閃躲它而抵達天堂。我們不是藉由避免困惑來獲得清晰。我們不是藉由逃避那不太自由的東西而獲得自由。眞相其實恰好相反。

我們的幻覺，也就是我們所堅持的信念，正是通往自由的門檻。我們所要做的就只是跨過它，不將它緊抓在手，也不將它推開。我們不能去相信它，但是也不能逃避它。我們必須在每一刻將那明顯是束縛的東西視爲一份前往自由的邀請。那麼，停止逃跑就變成了一件愛的行爲、一件慈悲的行爲。

每一刻，都是需要在當下發生的時刻，我們擁有的每一次經驗都是一份神聖的邀請，它或許是非常兇猛的邀請，但是每一刻都是一份邀請。我要強調非常重要的一點：生活的各種質地與流動，正是時時刻刻揭露出自由的東西。生活本身即爲我們顯示了要獲得自由而必須識破的東西。

因此，我們必須不逃避生活，必須眞正以誠實、持續的方式面對一切正在發生的事。若能這麼做，我們就會看見，我們確實是透過娑婆世界抵達涅槃的。這不表示我們必須困在輪迴的娑婆世界裡。反之，我們是要讓自己從中脫困。我們讓自己那些造成輪迴的、虛幻的思想不再像魔鬼氈似地黏附在自己身上，而透過這麼做，我們終將抵達涅槃。

覺醒揭露出我們本具的、已然完美的自由。它也是一種基礎工作，讓我們由此累積必要的資糧，也就是清晰與勇氣，才能深入檢視任何使自己陷入痛苦與認同狀態的事物。一段時間之後，這樣的看見與釋放會變得越來越自然，而成爲自發性的自然動作。一開始，它可能會有些乏味，可能需要充分的時間與意圖，甚或是用心下一些苦工並且自律。然而，隨著時間過去，它會變得越來越自然、越來越自動自發。在某個時間點，這種看見與釋放會變得非常內化，以至於幾乎等於是自動的。一個念頭興起時，或許會有一瞬間的認同。接著，念頭遇見了探詢，然後它便敞開迎向自由了。一旦這種內在的釋放深深內化，整個過程可能只需要一剎那的時間。那就是覺醒活動的方式。有時候，我們甚至不知道它正在發生，但它確實在發生。覺知正在解脫它自己，一而再、再而三地這麼做。如同我說過的，關鍵是眞誠。是願意去和我們的身體與頭腦所發生之事相會的意願。那永遠都是一道通往自由的門戶，一種只發生在當下和當下和當下……的自由。

5
從躲藏之處徹底走出

我想和你分享一個故事。幾年前，我在夏威夷的茂宜島，進行一場關於覺醒之後眞理如何顯現在生活裡的演講。我邀請聽眾和我一起思考以下這幾種問題：如果我們不逃避任何我們所知爲眞的事情，會是什麼樣子？如果我們在生活各方面都能不再躲藏呢？如果我們完全停止躲避自己，因爲那其實是一種覺醒的生活呢？

隔天，我有另一場聚會，一段問答時間。一位年紀約五、六十歲的老紳士舉起了他的手，說了一些確實非常美的話。他說：「我昨天晚上聆聽了那場關於眞實、誠實，以及願意面對自己、不再躲在過去的了悟背後的演講。」

「我妻子和我瀕臨離婚邊緣已經有好一陣子了。我們在聽了你的演講之後，回家就開始坐下來，對彼此說出眞話。我們開始告訴對方自己覺得的眞相是什麼。」

他繼續說，當時，情況不像他們以往習慣對彼此說眞話的樣子，以往，他們比較像是在試圖說服對方眞相是什麼。重點不在於其中一方是對的、另一方是錯的。重點是說眞話，非常簡單。那是坦誠地說出他們長久以來的體驗、坦誠說出他們和彼此覺得分開、疏離的感受，坦誠說出那導致他們覺得分開與孤立的祕密。「我們其實只是坐在那裡，對彼此說眞話，」他說。「我說出眞話，然後我也讓我妻子說眞話。再換我說眞話，然後再讓我妻子說眞話。」

那人說，當時不是他和妻子一起解決什麼問題，或努力得出什麼結論，他們只是單純地不再躲藏了。他們眞的從晚上十一點講到了半夜三點。（他說，這就是他爲什麼現在這麼昏沉、這麼疲倦的原因！）

最後他說，那是他一生中最特別的一夜，就只是一個說眞話的夜晚。既非堅持什麼眞相，也非否認什麼眞相，就只是單純地以非常誠懇的方式把它說出來，完完全全不再躲藏。

我在多年來與人們共事的過程中發現，即使是那些經歷深刻覺醒的人，多數的人也害怕說眞話，害怕眞正誠實，不僅對別人如此，對自己也是如此。當然，這種恐懼的核心是多數人直覺地知道，如果自己眞的說眞話而且完全誠懇、坦白，他們便不再能控制任何人。

我們無法控制一個我們對他說眞話的人。只有說出一半眞話、修剪一些眞相，我們才能控制他。若我們說出全部的眞話，我們的內在會突然袒露於外，沒有什麼東西是躲藏起來的了。對多數人而言，如此的袒露會引發他們嚴重的恐懼。多數人會想：「我的天哪！如果有人能看透我的內在、看見那裡發生什麼事、我有什麼恐懼、有什麼懷疑、我的眞相是什麼、我眞正的感受是什麼，他們會嚇死。」

大部分的人都會保護自己，他們會將很多事情藏在心底。他們過的不是一個誠實、眞實、眞誠的生活，因爲如果像這樣過生活，他們就會失去了控制能力。當然，他們本來就沒有控制能力，但他們也將無法擁有控制的幻覺。

所以，這位男士告訴我關於那個特別夜晚的故事，他說：「老實說，我和妻子都不知道我們會不會在一起。」那是多年前的事了，現在他們的婚姻依然維持著，但是當時，他們完全不知道情況會如何，而他們甚至能將它坦白說出來。他們很誠實，知道自己藉著對彼此說眞話、對彼此誠實、眞實而起了一個頭，但是他們不會試圖控制任何結果。

大多數人在童年時期應該都有過許多因爲說眞話而受傷的經驗。那時候，有人會對他們說：「你不能這樣說」或「你不應該那樣說」或「這樣不恰當」。結果，多數人內在都有一個非常深的潛在制約，告訴我們僅僅是做我們自己是不行的。我們受到制約要去相信有時候說眞話、誠實是可行的，而有時候，說眞話與誠實是不行的。多數人內在都銘刻著這種信念，不單在頭腦裡，連身體和情緒上也有，也就是如果他們誠實、如果他們眞實，有些壞事就會發生，而有人會很不喜歡這樣。他們會害怕自己如果說眞話就無法再控制周遭環境。

但是說眞話正是覺醒的一個面向。或許看來不是如此，因爲它很實際、很人性。它不是什麼超越性的。它和純粹意識無關，它關係的是純粹意識如何以一種不分裂的方式，示現爲一個人類。我們必須能夠示現出我們所了悟的，也必須能夠掌握並開始注意到，我們內在阻礙自己在各種處境下讓眞相現前的那股力量是什麼。

幾乎每一次我進行了這類公開演講之後，總會有人跑來告訴我：「你記得你演講時說的眞相與誠實這些事嗎？」我會說：「嗯，我記得演講內容。」然後他們會說：「演講後，有個人在停車場朝我走來，覺得她必須對我吐露內心對我的所有惡劣想法，以誠實之名。」我只是輕輕搖頭。我一直猶豫要不要談論這樣的主題，因爲實在太容易引起誤解了。

眞相的標準非常高。眞相不是玩具。所謂說出關於自己內在的眞相，並不是說出自己的想法，不是說出我們的意見。這不是將自己頭腦的垃圾桶一股腦地傾倒在他人身上。這些都是幻相、扭曲、投射。眞相不是把自己的意見丟到某某人身上，那不是眞相。眞相不是述說我們對這件事的信念，那不是眞相。那些其實是我們躲避眞相的方式。

眞相比那些還要親密，當我們說出眞相，有一種招供、告解的意味。我的意思不是招認什麼壞事或錯事，而是一種從躲藏之處徹底走出來的意思。眞相是個簡單的東西。說出眞相就是發自一種完整而絕對的、不受保護的感覺來開口。

要貫徹說出眞相這件事，我們不但要面對自己內在害怕說出眞相的各個角落，還必須好好看看自己的信念結構，它會告訴我們：「我不能這麼做。」這些信念結構的本質根據的就是不眞實的狀態。光是知道這些還不夠，你必須眞正看見它才行，眞正意識到你所相信的到底是什麼。到底是什麼樣的信念結構，讓你陷入二元對立、陷入衝突與躲藏？唯有這麼做，你才能以我在此所談論的方式說出眞相。

自由是給予每個人和每件事的禮物

如果覺醒是眞實無僞的，那麼它就是給予全世界的一份自由的禮物。覺醒的瞬間，你就被給予了這份自由。眞正的自由並非單純是「我是自由的」，眞正的自由是「一切都是自由的」。這表示所有的人都有做眞正的自己之自由，無論他們是否覺醒、是否被幻覺所迷惑。

自由是了悟每件事物、每個人都能夠完全如他們所是。除非我們走到這一境地，除非我們能看見這就是實相看待事物的方式，否則我們其實是扣押了給予這世界的自由。我們視它爲所有物，而且只關心自己。我的感覺能有多好？我能感覺到多少自由？眞正的自由是給予所有事物和所有人的一份禮物。

佛陀在覺醒之際說：「我和一切地方的一切眾生同時證悟了解脫之道。」對因循常規的頭腦而言，這是難以理解的。「如果一切都覺醒了，」有人可能會說：「那我怎麼沒有覺醒？如果佛陀是對的，他覺醒的時候全世界也醒了，那麼爲什麼我沒有覺醒？」我無法確實對因循常規的頭腦解釋佛陀的這一番話。佛陀想要傳達的是，不是佛陀覺醒了，不是這個人覺醒了，而是整體覺醒了。是整體透過佛陀的存在表達了覺醒。

重要的是允許整個世界覺醒。允許整個世界覺醒的一部分意義，就是認出整個世界是自由的，每一個人都有自由做如是的自己。在全世界都擁有自由同意你或反對你之前，在你給予每一人自由去喜歡你或不喜歡你、愛你或恨你、對事情和你持有相同看法或不同看法之前——在你給予全世界它的自由之前，你永遠無法擁有你的自由。

這是覺醒的一個重要意義，而這是一個人們很容易錯過的意義。再強調一次，如果我們完全覺醒，就不可能錯過它，但是大多數人並未一次完全覺醒。然而，自由這個概念非常重要。我們所有人都要能夠做如是的自己。唯有當每一個人都被允許做如是的自己，當你給予了他們那樣的自由、那他們原本已經擁有的自由，你才能在你自己的內在發現那份變得誠實與眞實的能力。

只要我們依然期待或想要他人同意我們，就無法眞實。那會導致我們的緊縮，想著也許他人會不喜歡我們的言論，也許他們不同意，也許他們不喜歡我……。我們保護自己的時候，也同時扣留了給予他人的自由。當我們領悟到，我們其實是那唯一的、顯現爲萬事萬物與每一個人的靈性，我們才會領悟到，一切都擁有完全的自由。

這樣的了悟當中包含著某種無懼。人們有時會過來對我說：「嗯，阿迪亞，我內在有些地方，」——我發現那經常是非常早期的童年階段留下來的地方——「依然害怕成爲我所知的那種眞實。」當然，我會說：「你必須檢視它，看看你自己是如何根據過去發生的事，形成特定的信念結構。你必須透視它，看看那些信念結構是否眞實。」但是同時，我們也必須認知到，我們完全無從得知或預知這世界會如何對待我們。醒來的部分意義就是願意被釘上十字架。如果我們以爲覺醒意味著全世界都會同意我們，那麼我們是完全活在幻覺裡。耶穌發現了這件事。一個覺醒的生命，如同基督教裡所謂的神的兒子。神的兒子怎麼了？他只因表達出自己所知的眞理就被釘死在十字架上了。

在人類意識裡，深埋著一個禁忌，說了悟存在的眞理是不可以的。我說的不是宣揚眞理，不見得是如此，我說的只是單純地成爲你所領悟到、感知到的眞理。這個禁忌說：「這不可以。你會因此被釘死在十字架上，你會因此被殺死。」當然，在人類歷史中，人們的確因此而被殺死。在一段很長的歷史裡，許多社會都有除去或殺死眞正開悟的人這種現象，因爲眞正開悟的人不會屈從於做夢狀態。事實上，做夢狀態經常覺得被那些眞正開悟的人冒犯或威脅，因爲一個眞正開悟的人無法被控制。即使是死亡威脅也無法控制一個開悟的人。死亡的威脅無法控制耶穌，他會活出他注定要活出的生命，無論那對他而言是生是死。

因此，身爲一個人，我們不能存有這種幼稚的想法，認爲開悟代表「每個人都愛我。」也許每個人眞的會愛你，但更有可能的是有些人會、有些人不會。當你給予整個世界屬於它的自由，你就已經在發現一己自由的旅途走過一段漫漫長路了。這兩件事是緊密綁在一起的，彼此密不可分。

真誠是關鍵

最重要的一件事不是你要試圖說服任何人你所看見的眞理。眞正重要的是，你對自己誠實。如果你能對自己誠實，你就能對任何人誠實。過度將焦點放在對其他每一個人誠實，不會有任何眞正的好處。儘管那是需要的，但是著手之處是你自己：你能不能完全對自己眞誠？你能不能去到那個超越指責、超越評斷、超越應該或不應該的地方？你能不能去到那個如此眞誠的地方，讓你不會閃躲自己那些仍有衝突之處，讓你不會利用對眞理的領悟來躲避某些感覺不那麼令人解脫的事情？

這確實是個關於眞誠的問題。好比我說過的，這不是一個自我改善計畫。一旦你找到了我在此所描述的眞誠與誠實，你會發現，眞誠與誠實是一己存在之絕對本質的顯露。剛開始，要對自己如此眞誠也許不容易。你可能會看見一些不想看的、關於你自己的事。你可能會看見似乎與你所領悟的一切有著極大落差的那部分自己。儘管如此，這就是覺醒流動的地方：它會朝著未覺醒之處移動、深入。眞誠就是允許這種流動發生的要素，而如果你對自己眞實，它確實會發生。

徹底從躲藏之處走出來，願意去看見每一個產生執著的點，也就是你陷入分裂的任何方式，能讓這部分的旅程得以繼續。當它發生之際，你會感覺到你的心敞開了，你的頭腦敞開了，你會覺得自己敞開至一個做夢都不可能達到的層次。這些層次不只是人性的超越，它們也在你的人性之內，因爲在你的人性存在（human being）與神聖存在（divine being）之間，其實並無分別。

偉大的黃檗禪師曾說，你不比佛更偉大，也不比人更渺小。他要說的是，一個佛和一個人是無有分離、無有差別的。雖然我們從做夢狀態和自己僅僅是個人身的幻覺裡醒過來，但是，直到我們看見自己的人性與神性其實是「一」，是一個存在、一個表達、一個眞相之前，仍會有回復的現象發生。

眞誠就是關鍵。你必須要有意願，你必須想要去看見所有的事。當你想要看見所有的事，你就會看見所有的事。

以超越為逃避

有很多學生來見我，下意識地認爲開悟就表示一個人能在任何處境下都感受到完全的喜悅、全然的至福，以及徹底的自由。這是許多人對覺醒的無意識信念，這是另一個錯誤認知。

覺醒之後，生活的外在處境與環境將不再有能力將我們拋離中心，這是眞的，但是當我們覺醒，我們也會開始變得更加意識到生活中那些與我們的了悟不相符的行爲模式。如果你相信那個錯誤認知，以爲開悟只和喜悅、至福和自由有關，你會有強大的動力想要越過或逃脫那些生命中運作不甚良好的領域。但是遲早，當我們變得更加覺醒的時候，我們會發現，我們會感受到越來越大的壓力，驅使著自己去面對並處理生命中那些逃避掉的領域、那些我們並未完全覺知的地方。

我發現，當許多人開始領悟到覺醒的流動會帶領他們前往什麼樣的地方時，遂變得非常恐懼，因爲在那裡，他們必須非比尋常地誠實、眞實，完完全全從躲藏之處走出來。這和覺醒只是超越生活、從內在經驗裡找到一個安全的避難所，好讓我們不必處理如是的生活這樣的概念大異其趣。事實上，覺醒幾乎是相反的：它是一種讓我們發現能力去處理如是生活的存在狀態。但是如同我說過的，許多人非常畏懼這一段過程，因爲它要求我們在每一個層次都要從躲藏之處徹底走出來。許多人害怕讓眞相穿透他們擁有的一些關係，包括家庭關係、朋友關係、感情關係或婚姻等等。躲避眞相、躲避某些當前的不良模式要舒服多了。

有一個我很喜愛的故事，能指出在關係裡面對自己是多麼大的挑戰，而且說明了如果我們不面對自己，其實是在耽誤自己的靈性開展。有位知名禪師的資深弟子，正在受訓成爲一名老師。此人已經結婚一段時間，育有三個孩子。他告訴老師，自己和妻子處得並不好。妻子對他越來越生氣，因爲就她看來，他和這個家越來越疏遠，也不參與家庭活動，與她和孩子的關係都不密切。

這件事發生時，他們倆都是這位老師的學生。老師聽見了他們的處境之後，說：「下個月有一個禪修營。我想要你們倆都來參加。」因此，他們參加了，期待著像以往一樣進行禪修，也就是一天靜坐好幾個時段，保持靜默，然後利用大部分的時間進行內觀。

禪修營開始之後，老師請他們兩位私下與他會面，說：「我有一個不一樣的禪修方式要給你們。我在寺院裡爲你們安排了一間房間。我想要你們倆待在同一張床上二十四小時，而且除了上洗手間以外，都不准離開。我不管你們要做什麼，就是要待在同一張床上，持續二十四小時。然後，再回來見我。」

身爲學生，他們只好遵照老師的要求。他們進了房間，待在同一張床上二十四小時。當他們向老師報告事情的結果時，他搔了搔頭，「嗯……」他說，「那麼再一天如何？再待在床上一天吧。」

因此，他們結束與老師的面談後，又回去待在床上一天。這是個持續七天的禪修，而每一天，老師都告訴他們同樣的話。他一直叫他們回去床上，一起待在那裡。禪修結束之後，他們眞的重新有了連結，他們確實與彼此再度相會了，婚姻也保住了。

這眞是位有智慧的老師，他明白這位資深弟子，也就是這位接受訓練準備成爲靈性老師的丈夫，確實是有一些非常深刻的了悟。但是，他也暴露出覺醒所帶來的一個危險，也就是一個人會開始與生活和關係裡艱辛的一面脫節。在關係裡，你必須願意不去躲藏在超越狀態裡，也就是說，你必須走出它，與人們和各種處境打交道。

這位學生正是開始躲藏在自己的了悟裡。他開始逃避處理那些不愉快或棘手的事情。他在利用自己的了悟作爲逃避處理的理由。他的老師發現了這一點，於是發揮智慧，將他安置在一個強迫他面對自身處境和夫妻關係的情境裡。他再也無法躲藏在超越狀態裡了。

終究，我們會發現，眞實的開悟不會允許我們逃避任何事情。事實上，開悟的觀點其實會讓這件事變得非常困難，而終究不可能轉身逃開我們生活的任何面向。

因此，覺醒之後，許多人會開始與他們生命中某些較無意識的模式展開搏鬥。有些人甚至會發現，針對關係和生活模式的一些改變是必要的。這很可能成爲過程中一個相當駭人的部分，因爲突然之間，我們不再躲避自己了。我們會納悶：「我的關係會安然無恙嗎？會行得通嗎？我的情人會離開我嗎？我的朋友還會想要和我做朋友嗎？我的工作環境、我和老闆的關係，或任何事情，是否還會順順利利的，或是會出現意料之外的改變呢？」

當然，多數人都害怕改變。我們可能想要改變，但改變總是包含著未知的特質，你永遠不曉得事情會如何發展。這是變得完全覺醒的一個重要部分：我們必須完全不再躲藏。我們必須勇於面對如是的生活。這份關係是否令人滿足？它是否以眞相爲基礎？我的意思不是這份關係必須是完美的，或理想的，那完全無關緊要。重要的是，它是不是一個以誠實、眞實和完整爲基礎的關係。

我們到底用什麼和彼此建立關係？我們又從哪裡和彼此建立關係？那裡是不是我們視對方如自己、和自己擁有相同本質的地方？而我們是否將它具體表現在行動和言行舉止上？我們是否願意去面對內心生起的恐懼？如同我說過的，多數人都害怕改變。我們會擔心，如果走出躲藏之處、如果不再否認，我們可能會失去情人、朋友、伴侶。眞相是，我們可能會。我們永遠不知道會如何。

我總是告訴人們，開悟不保證你的生命會從此按照你的計畫發展。生命會比從前好很多，但這不表示它會朝著你想要的方向走去。最終，它的重點是眞相，重點是在所有的面向、在我們一己存在的所有層面保持眞實。

開悟不僅僅是一種跳脫或超越，它是一種讓我們能夠面對一己生活或關係之如是面貌的存在狀態。生活本身不過就是關係。在事物的終極觀點裡，就是「一」與「一」的關係、靈性與靈性的關係。接著，這份關係的面貌出現了，成爲關係之舞、生活之舞。而在這場舞蹈裡，不去躲避任何事是最爲重要的。

如果你試圖躲藏，如果你處於一個令人極度不滿、運作不良的關係或工作裡，卻選擇不去處理它，那麼這種否認態度的結果就是你無法眞正獲得自由解脫，你將永遠無法完全自由，因爲任何我們選擇保持無意識的領域，終究都會對我們和他人產生影響。

要你不再否認的呼喚，不是某種強加於生活上的東西。它聽起來可能是如此，它聽起來彷彿我在說：「這些是你必須做的，這些是你應該做的，如果你這麼做，你會變成一個更好的人、擁有一個更美好的生活。」聽起來可能是這樣，但是這完全不是我說話時出發的觀點。我只是在說：覺醒的意識是以特定方式流動的，它不否認任何事情。它不躲藏，它不逃避生活的任何一部分。我們所是的、那全然覺醒的，終究也會是完全入世與無懼的。它就是如此流動的，出自無條件的愛與眞實。唯有我們頭腦裡的恐懼，亦即那建構小我之幻覺的恐懼，會導致我們從靈性生活的這一階段退縮。

我想要強調這一點。如果你逃避生活裡那些不和諧的面向、那些你仍在否認的面向，那樣的逃避將會阻礙你的靈性覺醒。在早期階段，它的影響可能不大，但是後來，隨著我們益加深入，了悟所開啓的面向也更趨成熟，你便不再有否認的空間了。這是許多人不相信的事。許多人認爲，反正開悟會讓我們避免去處理我們內在那些不舒服的事。

覺醒可以成爲讓我們與每一個人、每一件事相會的地方。它可以是讓我們與生活的一切境遇建立關係的地方。但是，這需要大量的勇氣與無懼精神，它也需要一種我不斷在強調的東西：非常簡單的眞誠。這種眞誠發自一個熱愛眞相而且看見眞相即是至善的地方。

作一個不夠眞實的人、逃避任何事情，都會削弱作爲眞正的我們的經驗。如同我經常對學生說的，對生活裡的人與處境不誠實，就是扣留了作爲眞正的你的經驗。到頭來，我們必須要能夠看見，眞相本身就是至高的善，眞相本身就是愛的最偉大表達與示現。究竟而言，愛與眞相是相同的，它們一如銅板的兩面。你若沒有愛就無法擁有眞相，而你若沒有眞相亦無法擁有愛。

覺醒將喚起我們內在與外在生命的蛻變。再次強調，請不要認爲這樣的蛻變是關於擁有一個完美的生活、完美的工作、完美的伴侶、完美的婚姻，或完美的友誼。重點不在於完美，而是在於完整。重點不在於讓事物確切地依照我們想要的方式進行，而是讓事物確切地如它們所是。當我們允許事物如是存在，有一份和諧會出現，我們的了悟與我們身而爲人的存在之間，空隙會越來越小、越來越小。了悟與表達之間、覺醒與其體現之間，將會形成一個無縫的連續體。

6

常見的幻覺、陷阱與執著點

覺醒經常伴隨著幾種常見的陷阱，亦即一些我們可能陷入其中的死胡同、漩渦或者執著點。了解這些陷阱會十分有益，因爲它們可能是潛伏的、狡猾的，在你尚未察覺到發生什麼事之前，就無聲無息來到你身上了。

並不是說這些幻覺是覺醒所固有的，如同我說過許多次了，情況是多數人都會從非持續性覺醒過渡到持續性覺醒的領域。在這個轉換過程中，有一部分的現象包括了某些幻覺的生起，而讓小我緊抓著覺醒不放。它會緊緊抓住覺醒內在本有的了悟，幾乎像是在緊緊抓住開悟的原始能量，然後開始利用它達成一己的目的。這些幻覺的其中一些狡詐之處在於，它們可能非常精微，儘管對你周遭的人來說，它們可能十分明顯，但是你自己卻很難察覺到它們。

現在，請記住，不是每一個人都會經歷我即將在此描述的所有經驗。覺醒不是個線性的現象。如果我所描述的要點不是你經驗裡的一部分，請完全不必擔心。

陷入優越感的泥沼

覺醒之後其中一個常見的幻覺就是優越感，這在靈性圈子裡十分常見。無論人們是否覺醒，他們都有可能陷入優越感的泥沼，這是一個處於做夢狀態時會出現的陷阱，也是一個當你從非持續性覺醒過渡到持續性覺醒時會出現的陷阱。在覺醒之後，小我的頭腦可能會介入，開始有種自己比別人好的感覺，彷彿覺醒會讓自己變得比別人好似的。這相當常見，幾乎是過程裡很自然的一部分。

這種幻覺本身帶有了一種「我們知道些什麼」的感覺。由於我們已經覺醒了，所以我們知道。由於我們已經覺醒了，所以我們總是對的。在這個時刻，做夢狀態的建構者小我，可能會採取那樣的體認，然後開始創造我所謂的開悟的小我。沒有什麼比開悟的小我更討人厭了，那是一種以爲自己已經開悟的小我，一種以爲它已經覺醒的小我，一種利用覺醒的部分能量與了悟來建構一個全新的、優越的自我的小我。

我曾見過一些擁有眞實之覺醒時刻的人，利用他們自身的了悟來排除他們不想看見的所有東西。曾有人來告訴我說：「但是阿迪亞，根本沒有自我，根本沒有『我』。既然沒有我，那就沒事可做了。」而我會說：「是的，可是你有沒有注意到，有時候自己也擁有一些驚人的能力能表現得像一個混蛋？」他們會說：「嗯，可能是眞的，但是卻沒有人在這裡做任何事。它完全是一種自動自發的展現。認爲我應該做些什麼來處理它，只是一個更加符合做夢狀態的幻覺。」

要讓一個陷入這種泥沼的人了解這一點很困難，這種泥沼是緊抓住某種洞見不放，然後躲在它們後面。當我們處於眞實的覺醒狀態，我們永遠不會利用我們所了悟的事作爲逃避自己內在某些東西的手段。我們會歡迎所有的東西來到存在的光明之下。我們一注意到自己利用自己的了悟作爲忽略無意識行爲的手段，就應該立即認知到，我們是從幻覺狀態在運作的。

我稍早前說過，對事物的絕對觀點是眞的，它說的是沒有一個分離的做者、小我是個幻覺。究竟而言，的確沒有一個分離的實體在做任何事，而且一切事情的確是自動自發地自然發生的。但是，有個更深的眞相存在。問題是，很難將這個更深層次的眞相訴諸語言文字。

佛教經典《心經》，說的是無生、無老死，而且無生盡，亦無老死盡。這是這部經典裡非常重要的一部分內容。沒有生、沒有老、沒有死，從絕對觀點來看，這是眞實的。但是除非我們同時領悟到生、老、死亦沒有結束（盡），否則我們的了悟並不算完整。如果我們的了悟不完整，便很容易爲小我所用，讓它成爲某個自己可以躲在它後面的東西，讓它成爲許多未開悟行爲的正當理由。

這在靈性領域是個普遍的現象。我們可以經常見到小我對自己說：「喔，我覺醒了，我看見一切事物都是自動發生的。因此，我不必爲發生的任何事負責。如果你不喜歡，很抱歉，你只是尚未見過實相的究竟本質。」這一類的小我幻覺根據的正是優越感。如同我說過的，這種幻覺很常見，這也就是我爲什麼要強調，從非持續性過渡到持續性覺醒的路途上，我們最大的盟友就是一份最深的、最誠摯的眞誠之心。有了眞誠，我們才能認知到這種優越感是一種傲慢自大的形式，是頭腦利用洞見來逃避的方式。

身爲靈性老師，這是一件很難讓人們了解的事。這種特定的幻覺會伴隨著防衛良好的小我結構而來，這個階段很難穿透。

有時候，最難穿透的小我就是曾見實相的小我。你會以爲，如果有人對實相有了瞥見，即便是短暫的也好，他的小我就永遠不會再以如此高度防衛的姿態重建起來，但情況並非如此。有些人可能會變得嚴重處於幻覺之中，即使在他們有過一次覺醒之後亦然。

在我多年的教學生涯裡，我所見到的是，這些擁有強烈優越感的人，想要確定其他人都聽見他們在說什麼、都知道他們所知道的。他們想要確保人們會同意他們，或更重要的是，人們知道他們是開悟的。我曾見過有人真的跳上我教學的講台，一把抓起麥克風，開始對聽眾講說他們自己的眞理版本。在那樣的時刻，我有一種感覺，就是我可能無法穿透這些人。然而，若有夠久的時間，生活將會穿透他們。有件很美妙的事情是，當我們從一個不眞實的地方來運作，它在生活裡終究會行不通，遲早會瓦解，而我們終將棄械投降。終究，我們會遇見我們自己。沒有所謂永遠欺騙自己這種事，生命不是如此運作的。

我們每一個人都必須看看自己是否有某種自我膨脹的感覺、某種優越的感覺、瞧不起那些我們認爲尙未覺醒之人的感覺。如果你確實察覺到了自己的優越感，要明白這一點：這不是眞實覺醒的觀點。這是一個緊抓住覺醒、假裝覺醒的小我的觀點。

還有一件很重要的事必須知道，在覺醒之後，擁有一些這種優越感是很正常的。在禪裡，我們有種說法是「醉在空性裡」，它的意思是被覺醒內在的能量與美妙灌得醉醺醺的。如果在覺醒之際，小我結構眞的消融了，就沒有任何小我會酒醉，但多數人的情況不是如此。在多數例子裡，殘餘的小我結構因覺醒的了悟而狂喜醉倒。我要強調，我不是在說這是件壞事，我只是在說，這種事會發生，可能很明顯，也可能很隱微。

如果你注意到這種事發生，只要注意它就好。它不會因爲你被它嚇到而消失，也不會因爲你相信它並將它表現出來而消失。只要看著如是的它即可，這是許多人覺醒過程的一部分。

如果你保持眞誠，你會知道任何優越感都不眞實。這能夠讓你去檢視、去看見你自己對自己的說辭、看見你的頭腦在說什麼令你感到優越的話。記住，能夠欺騙我們的唯有頭腦。一切的幻覺都是從頭腦開始的，一切的幻覺所根據的都是我們對自己所說的各式各樣的話，然後又去相信我們所說的。

破除幻覺的關鍵是識破任何使我們分離的事物、是去發現它的起源。你告訴了自己什麼樣的故事——無論那是優越感或任何其他東西都好——從而讓你製造出分裂？

當耶穌遇見一群對著一個女人扔石頭的人，他說：「讓那些沒有罪的人丟出第一顆石頭，」耶穌當時是從一個不分離的狀態說出這些話的，他並未將自己視爲比被丟石頭的女人更好，無論她犯了什麼罪行。他的意思是，沒有人是沒有罪的。罪的意義是錯過了標靶，沒有人是沒有誤解的。我們都曾做過但願自己不曾做過的事，我們都曾做出不怎麼開悟的行爲。我們每個人都一樣。基於這個理由，當我們從不分離的觀點來運作時，一切的優越感都會消融殆盡。

如果你在自己身上察覺到優越感，最重要的事是不要相信它。不要試圖將它推開，但是也不要相信它。如果你安住於一種不相信它的狀態，同時不要試圖將它推出你的身心系統之外，那麼消融將會發生。如果你試圖將它推開，記住，任何你所抗拒的，都將會持續。不管你試圖推開什麼，你其實都是在為它灌注能量。

我自己生命中有一個例子，我認為能夠很貼切地說明隱藏的優越感是如何升起的，還有如何處理它。我還記得，當我二十五歲的時候，出現了第一次算是眞實的靈性覺醒。那是一個非常強而有力、非常解脫人心的經驗。我，一個才二十五歲的孩子，身心系統裡的恐懼竟然突然消失了。我明白自己是不死的、不會被傷害的，我們內在所有的生存本能都被排出我的身心系統外了。

出現這份了悟的幾個月之後，我去我的老師那裡。我總是在星期日早晨參加聚會。我們會靜坐，她會開示，然後我們會再坐一會兒，接著再一起享用早餐。這一次，當我和其他學生一起坐在房間裡時，這種優越感從我內在升起了。它著實嚇了我一大跳。一段時間之後，我開始喚它作「優越先生」。

我坐在那兒靜心，突然之間優越先生就出現了。我環顧四周，有一種房間裡的其他人什麼都不知道的感覺。他們對眞理一點都不懂，他們對實相一點都不懂。而我，與他們相反，我有偉大的了悟！我當下受到驚嚇，因爲我知道那不是眞的，這點算是很慶幸。了悟本身已經顯示予我，說優越感完全是一個夢、一個小我的幻想，然而，這卻擋不住優越先生的現前。

我的頭腦從覺醒這一事實製造出這種強烈的優越感。同時，有一份更深刻的了知說，這種感覺毫無眞實根據。我試盡一切辦法要剔除優越先生。剛開始，我只是提醒自己那不是眞的，然後回到我內在那個優越感毫無眞實性的地方。而每一次我出現在靜心場合，這種優越感就會不斷冒出來，一連好幾個星期皆是如此。

我嘗試了所有的辦法。首先，我努力恨它入骨。然後，我又努力愛它愛得要死，就只是接受它、允許它如是存在，希望它能自己消失。我會檢查它的來處，以及它爲何會升起。幾個星期之後，我已經試遍了我能想到的一切辦法來消除它，但所有的策略皆宣告無效。每個星期天早晨，我會去靜心打坐，然後優越先生就會冒出來。

最後，一天早晨，我領悟到我完全拿優越先生沒輒，感覺彷彿我已徹底戰敗了。我了解到，自己已經千方百計要消除它，但全部徒勞無功。我實在束手無策了。

這不是打發，不是我變得對它視而不見，而是一種眞實的、眞誠的領悟。那是一個被徹底擊垮的時刻。我看見，不管我的了悟有多少，我還是可能被打敗，還是可能有一些不眞實的東西從我內在生起，而我其實無法擺脫它，甚至在覺醒之後亦然。

於是我就只是坐在那裡，允許自己被打敗，繼續再靜坐一會兒，然後和大家一起起身用早餐。我注意到，當我們全部的人都坐下開始用早餐時，優越感頓時消散無蹤了。不是因爲我突然領悟到了什麼，而是毫無來由地發生。在這之前，我領悟到自己已經完全束手無策了。當我與自己無論如何都無法擺脫這種傲慢的事實面對面，那是我對於個人意志之徒勞的最初經驗之一。往後，又出現了許多次這種經驗。

因此，如果你發現自己在覺醒之後感覺到一種優越感，不要試圖將它推開。不要試圖將任何的負面性推開，但是，也不要餵養它，只要看著如是的它即可，這是最重要的。

無意義的陷阱

這個從覺醒的最初洞見過渡至持續性覺醒的過程中，還有其他的陷阱。再次強調，這些陷阱或死胡同（cal-de-sacs）並非覺醒與生俱來的東西，它們是從頭腦與覺醒觀點的關係之間生起的幻覺。覺醒觀點遠遠超越了頭腦所能掌握的範圍，而頭腦與生俱來的本質就是去控制它能看見的所有事物。頭腦才是覺醒之後這些幻覺的來源。

這些陷阱當中最普遍的一個，就是無意義的感覺。從我們那新的實相觀點來看，我們不會有尋求意義的小我欲望。我們會看見，小我尋求生命意義的欲望，實際上是作爲生命本身這種認知的替代品。尋找生命的意義代替了我們即是生命這樣的了知。唯有一個與生命脫節的人，才會去尋找意義，唯有一個與生命脫節的人，才會去尋找目的。

我的意思不是人不應該尋找意義或目的，這些仍是相對明智的策略，能幫助人們面對生活。但是請記住，這種追尋生命意義、尋找存在目的的渴望，究竟上是源自做夢狀態的，因爲我們在那樣的狀態裡對眞正的自己一無所知，而且對我們的眞實本性毫無覺察。

當眞實的了悟出現，當我們從做夢狀態醒來，我們會了解到，尋找意義已不再恰當了。當我們與生命有了直接的連繫，對意義與目的追求將頓時顯得微不足道、無關緊要。它不再是我們生命的動力所在了。追求意義與目的的動力消失了，因爲我們從一個不同的視角出發，而在這樣的視角下，這樣的事情其實不存在，肯定不是以舊有方式存在。從小我立場而言，它們不再存在了。

當我們覺醒，我們會看見做夢狀態如其所是的樣子。做夢狀態怎會有意義呢？做夢狀態怎會有目的呢？那只是一個夢，不是嗎？確實如此。但是我一再強調，覺醒之後，仍然有個擁有人類的頭腦的人，在試圖搞清楚一切事情。頭腦甚至試圖要弄清楚覺醒這件事到底是怎麼回事。由於對許多人來說，小我並未徹底消失，頭腦便繼續努力地想要理解覺醒的洞見。頭腦會開始說：「喔，天哪，我的生命不再有任何目的或意義了。」你已見過了大部分的實相，不再相信小我的目的或意義了，但是，殘存的小我結構仍然足以投入意義與目的的追尋。小我的幻覺就是去注意到「沒有意義」這件事，好像它在打量著眞理似的，而這可能會非常令人無所適從。

正是在這個點上，有些人會開始陷入這種稱爲「無意義」的陷阱。生命似乎沒有意義。以最負面的角度而言，生命沒有目的。好比小我是一顆大氣球，現在它裡面的空氣已經漏光了。透過你對實相的理解，這顆氣球的氣已消，只剩一坨軟趴趴的塑膠布。但是氣球還在那裡，它在問：「發生什麼事了？裡面的空氣怎麼了？我的生命意義怎麼了？我的生命目的怎麼了？」

由於殘餘的小我結構仍在，有時候很容易會陷入一種無意義、無目的的負面感受。從覺醒的觀點來看，若說根本沒有意義、沒有目的，這是極爲正面的一件事。它之所以是正面的，是因爲一個人已經發現了比意義或目的更好的東西。事實上，一個人已經覺醒而成爲了存在本身的核心本質。有什麼能比這更有意義呢？有什麼目的能比這更大呢？

然而從小我的觀點來看，這卻是個大災難。你一不小心就會陷入小我的漩渦或沼澤裡，被捲入憂鬱狀態。多年來，我曾遇見過許多擁有非常眞實的洞見的人，他們的小我仍會對他們的所見做出反應。小我確實會對自己所體認到的實相反應劇烈，而這種反應可能十分負面。小我可能會變得憂鬱，意義與目的已經消散，不再存於結構內，卻仍有足夠的小我在那裡、對此感到悶悶不樂。

有些人可能會在這個階段耗掉一段相當長的時間，坐困愁城。要想解除這種坐困於無意義感受的狀態，解藥之一就是去看見自己只是從小我觀點在看待眞理。在覺醒裡，沒有什麼東西是給小我的。覺醒是從小我裡醒來，因此從小我的觀點來看，覺醒沒有任何好處。覺醒有益的是一己的存在（being），它有益的是眞正的你之所是，但是它不會爲小我帶來任何好處。事實上，沒有什麼比從小我立場看待眞理更加令人絕望了。一個人可能會以爲，如果小我能看見眞理，它一定會被喜悅和快樂沖昏頭，但通常情況不會如此。

困在空性裡

你可能會發現的另一種陷阱，與困在無意義裡類似，那就是困在空性裡。這是困在超越狀態、困在觀照者立場的一種形式。

起初，處於觀照中的狀態感覺美妙極了，在那個狀態裡，我們領悟到自己不是那個正在觀照的某人，而是觀照本身。儘管我們確實是一切事物的觀照者，但這當中依然存在著容易讓人受困的欺騙層面。

小我不管在哪兒都能紮營，它是隻變形蟲。如果優越感不管用，無意義可能管用，如果無意義也不管用，那麼搭起帳篷作一個疏離的觀照者可能管用。小我總是變來變去。你一逮到它，在一己存在的某個面向裡發現了它，它就消失得無影無蹤，然後又在其他地方出現。它非常狡猾、非常精微。事實上，依我所見，小我的幻覺是自然界所有事物裡最令人歎爲觀止的一股力量。

那個「我」，或說小我，能夠將自己設定爲觀照者。剛開始，這感覺起來會極具解脫力量，特別是對那些在生活上經歷了許多痛苦的人而言。霎時間，他們成爲一個觀照者，不再與生命中的主要角色認同，這是一種無與倫比的解脫。但是這種觀照者立場可能會變成一種執念，而當這種情況發生，枯燥感會悄悄溜進來。在這種情況下，觀照者會將自己視爲與被觀照者脫節的。當然，這意味著眞實而徹底的了悟並未發生，比較像是只有一半的了悟，彷彿只醒來一半。

偉大的聖者拉瑪那·馬哈希（Ramana Maharshi）以前經常提起一句古老的諺語：「世界爲幻象。唯梵天是眞。世界即梵天。」這句話道出了某些隨著覺醒而來的洞見。第一個洞見「世界爲幻象」並不是個哲學論述。看見這世界是個幻象，是覺醒經驗的一部分。這是一件能夠被了知的事，我們發現那裡沒有一個與我們分離的所謂客觀世界。所以，這第一句話就是指出了隨著了悟而來的這份洞見。

下一句話「唯梵天是眞」爲我們指出了永恆觀照者的認知。作爲世界的觀照者即是一切實相所在。從覺醒的觀點來看，觀照者的經驗比被觀照者更爲眞實。那個被觀照的，被視爲彷彿展開在我們眼前的一個夢、一部電影，或者一部小說。這其中蘊含著莫大的自由，但是人們也很容易傾向於變得困在「我是如是的觀照者」這樣的概念裡。

目前爲止，我們已看到這兩句話是眞的：「世界爲幻象」與「唯梵天是眞」（後者也可以被理解爲「唯觀照者是眞」）。但是若沒有第三句話「世界即梵天」，我們就無法擁有眞正的「不二」。在「世界即梵天」這句話裡，我們對眞正的「一」有了了悟。「世界即梵天」破壞了永恆觀照者的立場。觀照者立場崩解於整體中，突然之間，我們不再從外在觀照了。反之，觀照同時從每一個地方發生——內在外在、上下四方。萬事萬物同時從內在與外在被觀照，因爲那個被觀照的，即是那個正在觀照的。那個觀看者與被觀看者是相同的。除非一個人了悟了這一點，否則很可能會困在觀照者立場。我們可能會被困在超越的虛空之中、在空性裡。

我記得有一次有位女士與我分享她的覺醒見地。這位女士受我之託，即將在幾年之後開始教學。當她第一次來找我時，她便告訴我她的所見與領悟。她一直想找一個人好好談談，而且這個人不一定要是位老師。當時，她並不是眞的需要接受什麼教導，她只需要一個能聽聽她說的話、和她用同樣眼光看透事物的人。

我們一起坐在房間裡談話，她形容著自己身上發生的事，眼淚從她的臉龐滑落，那是來自了悟的至福與喜悅、來自發現了我們的眞實本性的喜悅。我對她說的第一件事就是：「這些都很美妙，非常美好，但是別困在『不死』裡。」

我那樣說的意思是：不要困在超越狀態。超越是眞的，而且美妙極了，但是不要困在那個地方。事實上，不該困在任何地方，沒有一個地方是我們該固定不動的。沒有任何一個特定觀點是我們必須抱持並執著不放的。

眞正的覺醒、開悟，就是免於所有的執著，亦即免於所有的觀點。那樣的狀態其實是無法形容的。我們根本無法想像那樣的存在狀態是何模樣。在抵達那個點之前，我們在某種程度上仍是可以想像的。身爲老師，我可以解釋了悟的某些面向，我喜歡稱它們爲開悟寶石的部分切面。我總是可以談論一些切面的事、一些角度的事，但你要如何談論這整顆寶石呢？

答案是：你沒辦法談。誠如一位偉大的道家聖者所說：「那可以說的道，不是眞正的道。」（譯注：原文「道可道，非常道。」出自老子《道德經》）換句話說，能夠被說出的眞理就不是眞正的眞理。也因此，我總是告訴我的學生，我的教學目標就是去失敗，盡可能地去失敗。試圖去談論那不可言說的，就是從一開始就要知道，你會失敗。因此我的目的就是在談論那不可言說的事情時，盡可能地失敗。雖然我無法談論整顆寶石，但我可以從那眞理之處來說話。那麼，或許某個正在傾聽的人會從那同樣的地方聽見我說的話。那不是個屬於我的地方，那是忠於眞正的我們之處。那是眞知之處。

眞理不是所有物，沒有人能擁有它，也沒有人能擁有的比別人更多。有些人可能對它了悟或憶起得比別人更多，但是眞理不屬於任何人，這是必須了解的一件重要的事。沒有人能擁有眞正的我們，那是一份平等的禮物。覺醒的旅程只是去憶起我們是誰、憶起眞正的我們之所是，憶起那我們一直都知道的。

我們在這一路上可能產生受困的這些點，無論是優越感、無意義，或困在觀照者裡，都只是小我在精妙的了悟氛圍下會產生的幾種幻覺。這麼說似乎沒有道理，但是在眞實的經驗裡，這不斷在發生。這也是旅程的一部分，所以我才說這很自然。

如果我們很眞誠，一點一滴地，我們會開始在自己每一次產生執著與迷戀時看見它。而總有一天，在某個地方、某個時間點，我們內在的某種東西會領悟到自己的覺醒還不完整。

我還記得自己多年前仍處於那個觀照者立場的情景。起初，那非常美妙、非常不可思議，不但深刻而且具有極大的蛻變力量。但是隨著時間過去，我開始出現一種直覺，有一個小聲音說：「這還不是全部的東西。這不是『一』，這不是合一。」那個觀照者被感知爲完全免於我自認爲的「我」，完全免於我所想像的那個人。然而，觀照者與被觀照者有所分別的幻相依舊存在。對我來說，其實對許多人來說亦然，覺醒旅程的下一個階段就是觀照者立場的崩解。就在我們看見，當觀照與觀照者有所不同，其中便存在著固有的分裂這件事時，它就會開始崩解。讓自己看見這個分裂，就是外在觀照者崩解的開始。崩解發生的時候，你會開始看見小我利用觀照立場作爲躲藏手段，好讓自己不被生活碰觸，不去感受某些感覺，不以實際和人性的方式直接地、親密無間地面對生活。

如同我一再重複說的，能夠看見一個非眞相，是令其消融的最大要素。別搞錯，藉由某人向我們解釋而看見我們內在的執念是不夠的。由別人來爲你鋪好路是不夠的，它必須由自己為自己發現。

你必須與這些東西一起靜靜坐著，然後詳加探察。不要因為我說它們是眞實的，就想像它們是眞實的。我們都必須在我們自己內在，為自己去發現它，好像這是第一次一般。這些教導，也就是我傳達的這些訊息，其實只是一份邀請，邀請你更加深入地、更加親密無間地好好看看你自己，變得更眞實、更誠實。

因為以某種意義而言，眞相是我們全是單獨的。我們必須為自己進行探究，沒有人能幫我們做這件事。沒有人會碰一下你的頭，然後一次就喚醒你，讓你從此永遠保持清醒，阿門。事情就不是這樣，而我們越快脫離幻覺越好。

當我們為自己負起責任，完全的覺醒將會來臨。我的意思是，我們必須負起責任，眞正去看看我們自己、透視我們自己，也就是去發現自己能看得超乎我們想像地深入這樣的能力。只要我們還想依賴別人、依賴外在權威，我們通常就無法發現那樣的能力。

我在此只是給予提示和線索，並且去質疑你已假設為眞的答案。一位老師眞正的角色，就是去質疑學生的答案，而不是呆坐著給予他們自己的答案。多數來找我的人都已經認為他們知道些什麼了，而我的工作就是去質疑他們自以為知道的東西，作為一種幫助他們回歸自己的手段。

透過深觀自己，我們會開始發現走出這些死胡同的途徑。若能這麼做，有一些其他東西將會顯露。當我們不再以小我的方式執取些什麼，當小我不再試圖重新創造自己爲「開悟的小我」、再看著實相的本質然後做出錯誤結論時，一份全新而不同的體認將會展現。當你能夠探察、靜心與深觀，這些幻覺會開始垂死，我們靈性生命的一個全新疆域便得以開啓。

那是一個不受小我的幻覺所支配的疆域。那是對我們眞實本性更精微面向的一再敞開、一再地深深憶起。那就是我們所有人受到的召喚。

7

生活為我們的覺醒舉起了一面鏡子

我想要分享我自己在靈性開展旅程中的一些面向。我們一直在討論從我所謂的非持續性覺醒過渡至持續性覺醒這件事。對我而言，和大多數人一樣，在我二十五歲出現初次的重大覺醒之後，我的生命也隨之出現了一個開展過程，而這個過程持續了大約七年之久。我已經說過一些發生在我身上的事，但我想要描述的是一些鮮少在靈性探討裡談到的其他事情：生活本身，亦即日常生活，如何成爲我們最寶貴的老師。我會利用自己的一些切身經驗作爲說明。

幾乎打從我一出生開始，我就有一個愛好競爭的本性。在我生命的大部分時間裡，這種特質透過各種體育活動顯露無遺。在我十三歲的時候，我參加了自行車競賽。在青少年後期與二十歲出頭的時候，我已經在參加相對高級的競賽了。訓練與競賽佔據了我生活的一大部分。因此，當我在二十五歲出現覺醒的片刻，一個全然不同的過程展現在我生活裡時，我著實嚇了一大跳。這眞的出乎我的預料。

一段時間之後，我出現一種了悟尚未完整的感覺，我知道，我的小我性格結構仍有一些部分尚未完全與我所了悟和了知的同一步調。我嘗試透過我的靈性修行活動來處理它，當時我從事的主要是靜坐與透過書寫進行自我探詢。

除了靈性修行之外，還有生活本身。在覺醒發生後一年內的某個時間點，我因爲一連串的疾病而倒下，那眞的讓我一敗塗地。那是個身體上的難題，但是對我殘存的小我結構來說，也是個難題。過去十五年來，我有很大一部分的身分認同是圍繞著身爲一名運動健將與保持優秀體格而建立，而且是要比我所知的百分之九十九的人都更加優秀。

我已經圍繞著作爲一個在身體上霸氣十足的人，建構了一個眞正的自我感。我所謂的霸氣十足，不是指大塊頭，因爲我的塊頭其實不大。我是個相對矮小、輕盈的人，但是身爲一名具有競爭意識的自行車選手，我並不需要塊頭很大才能展現霸氣。重點是體格要比你的同儕更優秀，而我有極大部分的身分認同都是圍繞著這種霸氣而打造的。

生病那段期間，那樣的身分認同被徹底摧毀了。當你困在病床上日漸憔悴，的確很難維持一個運動員的身分，霸氣十足的運動健將更不可能了。

在生病的早期階段，每當我覺得好一些的時候，我就會發現自己又開始騎自行車。當然，這讓我的身體又重返那種不堪負荷的模式，然後我又病了。有好幾個月的時間，我在生病與試圖恢復體格這兩種狀態之間來來去去，而這個過程讓我的病越來越重。終於，我把自己搞得嚴重到住院了將近六個月。

在六個月即將結束的那段時間，我出現了一次重大的領悟。它與開悟或覺醒不一樣，但卻是個重要的領悟。我領悟到，我已經不再是運動員了。我已經不再符合將自己視爲一名運動員的資格標準：我的身體不夠強壯、我的耐力不夠好，我也不再是個優秀的競爭者。「運動員」的角色已經不再屬於我。

當我身體開始感到好一些的時候，我有一種不可思議的解脫與輕鬆感，因爲我已經不需要再當那個在身體上霸氣十足的人了。當然，我在二十五歲那年所瞥見的覺醒已經顯示予我，我其實不是那個人。然而，開悟經驗過後經常發生的情況是，小我結構仍未那麼容易放棄。因此，我恢復健康之後，我開始將那些疾病當成一份眞正的禮物，一種恩典的形式。它扎扎實實地將我縮小到像一隻病貓，而且在那個過程裡，它提供了我解脫之道，讓我擺脫作一名運動員的小我命令。它是作爲一個無名之輩的解脫。它帶給我的直覺性理解，甚至比我在二十五歲時了悟到的更多——我什麼人都不是，我是不生、不滅、無生的。

能在一個如此深刻的人性層次上感受到這件事，亦即作一個無人、無物，實在美妙極了。

我也希望能告訴你，當時，小我的自我感的消融、破碎是最終的了。但是，我一開始覺得好一些時，又立刻開始運動了。我一向喜歡身體的運動。我擁有一個喜歡運動的身體，身體活動爲我帶來很大的喜悅。能夠再度騎上我的自行車，實在太開心了，我穿過森林、越過山嶺，在我住家附近四處騎著。我甚至比從前更享受，因爲那是活動本身所帶來的喜悅，加上我不需要與人競爭了。我再也不需要展現身體上的霸氣，我可以單純地騎車。

然而，隨著時間過去，我注意到自己不再只是出去享受騎車了。不知不覺中，我已經開始採用了訓練方式，彷彿我又成爲一名具競爭意識的自行車選手。我已經不再是個擁有競爭力的自行車選手了，我在之前的幾年早已經退休。但是，我還是發現自己好像在準備比賽一樣，又開始自我訓練。當這種現象發生時，我意識到了這個過程，而我事實上會這麼告訴自己：「我知道，我又開始訓練自己的唯一理由，就是藉此重新打造我的小我性格結構。」我意識到發生了什麼事，但是有意識的程度卻不足以讓我放下它。我還沒有準備好要放棄重新建構我自己這件事。結果，我發現自己好像要參加奧運一樣，不斷進行訓練。一年之後，我又病了，又再度住院了六個月，這次得了另一個將我徹底擊垮的疾病。又一次，圍繞著展現身體霸氣所建構的整個身分認同，被擠出了我的身心系統之外，而且又一次，我感受到了不需要再當任何人、不需要再以特定方式看待自己的解脫感。第二次生病之後，我再也不曾渴望讓過去那個舊有的角色、那個展現身體霸氣的人復活了。我依然從運動和身體活動獲得許多快樂，但是第二次的生病徹底斬除了從一個以身體爲中心的形象尋求身分認同的小我傾向。那是莫大的解脫與莫大的喜悅。

若能夠說我是透過靈性修行或透過探詢、或透過靜心打坐而達成了這件事，那會是件很棒的事，但是就我的例子而言，我想許多人也有類似情況，消融小我的最大要素是在我的生活裡發現的。它就交織在我們的存在裡，在我們日常經驗中實際發生的各種難題裡。

我發現這在靈性的脈絡裡經常受到忽視。許多人會利用我們的靈性作爲逃避生活的方式，以避免去看見我們眞的需要好好看看的東西、避免去面對我們自己的誤解與幻覺。了解生活本身經常就是我們最棒的老師，是一件非常重要的事。生活充滿了恩典，有時候是奇妙的恩典、美好的恩典，那些至福、快樂與喜悅的時刻；而有時候是兇猛的恩典，例如疾病、失業、失去我們摯愛的人，或者離婚等。例如，有些人在上癮症將他們徹底擊垮時，出現了意識上最大的躍進，他們發現自己會尋求一種不同的存在方式。生活擁有極大的能力能將眞理顯示予我們、把我們喚醒。然而，我們許多人仍在逃避這件稱爲生活的事，儘管它一直在試圖把我們喚醒。

神性本身正是動中的生活。神性在利用我們生活的處境來完成它自己的覺醒，而有好幾次，它會以嚴峻的處境來喚醒我們。

諷刺的是，多數人一生中都在逃避痛苦的處境。我們並未成功，但是我們總是努力在逃避痛苦。我們抱持著一個無意識的信念，相信我們意識與覺知的最大成長必定來自那些美妙的時刻。確實，我們可能會藉由美妙的時刻產生意識上的大躍進，但我會說，多數人是在艱難的時刻出現意識上的大躍進。

許多人不願意承認，我們最大的困難、苦難與痛楚是兇猛恩典的一種形式。如果我們準備好要接受它們，它們會是促使我們覺醒的強而有力的、重要的元素。如果我們準備好要轉身與它們面對面，我們就能看見並接受它們帶來的禮物，即使這些禮物有時感覺像是強加在我們身上的。無論生活的處境是疾病也好、摯愛的人過世也好，或者離婚、上癮、工作問題等都好，重要的是要面對我們的生活處境，才能看見本已存在其中的禮物。

以我的例子來說，如果可以說經歷了兩次重病之後，我的小我結構完全消融了，不再試圖重建自己，然後我從此隨時隨地皆處於光明裡，那當然很棒，但不幸的是，我的業顯然沒那麼清淨。有更多東西會來，事實上，比我想像的要多太多了。

在我經歷第一次覺醒之後，我的一位老師曾對我說了一些當時聽起來非常奇怪的事。

我看得出來，老師對發生在我身上的事感到高興，而她也注意到有些重大的事發生了。但是在那同一次的會面裡，她告訴了我一些應該小心的事。基本上，她說：「這裡是一些你可能會失去了悟、你可能會逃避你了悟到的眞理的情況。這些都是可能讓自己回到睡夢中的情況。」

每當我述說這個故事，人們總是問我：「那些情況是什麼？你的老師到底對你說了些什麼？」不過，我的感覺是，我的老師告訴我的，是針對我的情況說的，不一定適用於每個人。好玩的是，我的老師對我說了大概四、五件應當注意的事，而我在多年之後才意識到，她警告過我的每一件事都眞的發生了。

當然，我全都撐過來了。並非做那些事情是錯的，事實上，藉由經歷並且撐過了那些事情，我才看見去經歷那些錯誤對我來說有多麼重要。

我的老師對我提出的其中一個最震撼的警告，在當時聽起來眞的很怪異。她告訴我要小心，因爲有很多和我處於同樣階段的人，會遇見某個人、墜入情網，然後和對方一起去旅行，作爲逃避自己的方式。當時，我心想：「這到底是什麼意思？！這似乎太誇張，而且也太明確了吧，不是只有遇見某人而已，還會墜入情網然後一起去旅行？那似乎完全不適用於我。」

但是，你瞧，大約四年半之後，我遇見了一名女子。在那一段感情裡，我們倆之間的關係就像魔鬼氈一樣。我內在那些貧乏的、上癮的或不健康的部分，與此人完美結合。而她內在那些不健康的部分，也與我那些不健康的部分完美結合。這段關係是圍繞著一些非常無意識的模式而建立的。

我不會告訴你整個聳動的故事，重點是我們眞的一起出國旅行，而且這段關係事實上也糟糕到令人難以置信的程度。它踩到了我的每一個痛處，而且我以前從不相信自己會那樣被觸痛，我所承受的痛苦，也是從前難以想像的。

那段關係是場運作不良的災難，而我在經歷它的過程中也變成了一個情緒容易崩潰的人。有一次，我突然領悟到這樣的處境實在太瘋狂了。「我到底在幹嘛？」我心想。「我怎麼會把自己搞到這種地步？我要怎麼把自己拉出泥沼？」那時，我開始明白了一件非常重要的事，也就是我再一次因爲對自己不誠實而讓自己陷入這種境地。我任由自己被欲望和執著所牽引，而且對眞正發生的事並未誠實以待。

我了解到，唯一能跳脫泥沼的方式就是開始徹底地、深深地對自己誠實，開始對我目前的處境承擔起全部的責任。我看見，唯一能做到這些事的方式，就是放下我所有的自我形象，因爲每一個形象，無論是好人或樂於助人的人或和善的人或覺醒的人或有智慧的人或愚笨的人都好，全都是無意識地驅使我陷入當前處境的一部分。

從這段關係脫身的唯一方式，就是放下那些在一開始讓我投入這段關係的每一樣東西。讓我投入這段關係的，就是我從小我層次看待我自己的各種方式。我脫困唯一的方式，就是放棄作那個我想要當的人。

我說過，我不會說太多無聊的細節，但是透過這樣的過程，我經歷了一種更深刻的、更不可思議的小我溶解過程，而那是我過去從未經歷過的。那種溶解不像你靜坐時，自我感消融進入一種存在的美妙狀態，而是像有人在將你的皮一層一層地剝掉。那是非常粗魯的，那不是件好事，那不仁慈，而且不好受。那是整體存在將一面鏡子推到我面前，然後抓住我站在那裡，讓我的視線連一秒鐘都不得移開。

那無疑是我生命中最煎熬的一段時光，但是透過這樣的過程，我終於願意放下我自認爲自己所是的一切。我終於能夠放下所有可能生起的自我感，無論那是美好的自我感或糟糕的自我感、有益的自我感或無益的自我感。藉著在最終允許那些經驗將我喚醒、讓我清醒過來，我終於可以放下。這段感情及其分手過程，讓我觸及了情緒的谷底，感覺自己像是不斷被擠壓、擰乾的一塊抹布，彷彿我所有的自我感都被擠出了我的外面。但是透過這次的經驗，我也開始察覺到有某種不可思議的事情發生了：當業力的制約被擠出了身心系統外，我開始感受到一份自由感。

在我二十五歲出現的那一次覺醒裡，我領悟到我不是我的身體、頭腦或性格；我領悟到那全是一個夢。但是我當時不明白的是，即使你已經知道那是一個夢，你仍然必須處理它。如果身體、頭腦與性格仍是分裂的，如果你的身心系統仍存有未解決的衝突，那股引力的拉力仍會讓意識回到受苦狀態。

我清楚看見，身心當中所發生的一切，終究無法逃避。每一件事都必須獲得面對與處理，眞的是每一件事。每一件事都必須被識破。如果了悟的東西想要具體落實、被完全活出來，那麼無論這個過程有多麼困難，都是我一生中最重要的過程之一。那就像是熬過那些我描述過的生病日子，那些日子結束之後，我又再度覺得自己什麼人也不是、什麼東西也不是了。那不僅僅是在絕對的層次如此，不僅僅是在一個覺醒的層次如此，更同時在一個具體的層次、身爲一個人的層次也是如此。我，身爲一個人類，發自內在地感受到作爲無人、無物是何模樣。這可能聽起來很負面，但是當它被徹底感受到，卻是極端正面的，那是在最正面、最美好的意義上使人由衷地謙卑。

我會說這個故事是因爲每個人都有一個故事。我們都曾遭遇過生命試圖舉起一面鏡子，將深受制約的自我擠出我們之外、將緊抓與執著擠出我們之外，將我們的一切信念、想法、概念與自我形象擠出我們之外的各種處境。

如果我們願意好好看看，我們會看見生活永遠處於喚醒我們的過程之中。如果我們與生活不和諧、如果我們與它作對，那麼它必定會是趟顚簸的旅程，我自己的生活就能證明這一點。

當我們不願意去看生活試圖顯示予我們的，它會逐漸提高強度，直到我們願意去看那些我們必須看見的東西爲止。藉著這麼做，生活本身遂成了我們的最佳盟友。生活是你最棒的老師這樣的說法，幾乎是靈性領域的陳腔濫調了。學生們總是點點頭，好似眞的懂了那是什麼意思。但是，我們唯有在眞正經歷它時，當我們允許自己讓生活舉起那面鏡子，好讓我們更清楚地看見自己時，才能眞正了解這句話的意思。

認爲開悟只透過美妙的經驗而來，是在欺騙你自己。是的，在有些例子中，的確有些人出現了自發性的覺醒，而且他也沒有很多必須一一識破的業力習氣，但這種情況很罕見。對我們多數人而言，開悟之路並不是那麼美好繽紛。我們必須承認這一點，要不然的話，我們只會讓自己朝著那些感覺良好的地方前進，而那些地方不過是支持著覺醒之路在我們心目中的形象。對大多數人而言，覺醒之路的確有一些美妙而深刻的時刻與了悟，但它同時也是件充滿艱辛的事。它不是大多數人報名參加開悟時，心裡期待的樣子。眞相是，大多數說自己想要覺醒的人，並非眞的想要覺醒。他們想要的是他們版本的覺醒。他們眞正想要的，是在自己的做夢狀態裡感到非常快樂。如果那是他們想要的最高進化程度，那也沒關係。

然而，對開悟的那份眞實而眞誠的驅策力，遠遠超越了那種想要讓我們的做夢狀態變得更美好的欲望。這種驅策力讓你願意臣服於覺醒所需之一切。對開悟的眞正驅策力是內在的那份祈禱，它祈禱能獲得帶領我們走向徹底覺醒的東西，無論那是什麼，無論那會是美妙的或糟糕的。那種驅策力能無條件地經歷我們必須經歷的一切。

這種眞實的驅策力可能會有點嚇人，因爲當你感受到它，你會知道它是眞的。當你放下了所有的制約，放下了想要你的覺醒成爲什麼模樣、想要這趟旅程成爲什麼模樣的概念，你就是放下了你擁有控制權的幻相。

我不想又爲你豎立另一個概念，說覺醒一定是艱難的，那也是一個幻覺、一種形象。覺醒本身不需要是艱難的，但是從非持續性覺醒過渡到持續性覺醒的過程要求我們付出的，經常超乎我們的想像。

事實上，我們必須願意失去我們的整個世界。你第一次聽到這句話時，可能會覺得挺浪漫的：「喔，好耶！我來報名了！我願意失去我的全世界。」不過，當你的全世界開始搖搖欲墜，然後當你開始從一個極深的否認狀態裡走出來，那完全又是另外一回事了。那完全是一件更加眞實、更加艱辛的事。這件事，不一定每個人都會報名參加！

我們不必對覺醒所要付出的存有既定形象，覺得它一定是容易的或艱難的。它可能很容易，也可能很艱難。它可能容易而且艱難。它可能是你所能想像得到的一切，也可能是你想像不到的東西。那就是給予這份教導的危險之處，因爲我述說了自己的故事，或者說這一路上可能會發生一些特定的事，然後頭腦就會抓住它說：「喔，如果我想覺醒的話，生活必須要很艱難才行。我必須經歷一些艱苦時刻。」事情不見得如此。你必須願意做的，是與自己相遇、面對自己那不確定的未知。然而，有多少人願意放手進入不確定、進入未知、進入那不受控制的領域？

我遇見越來越多的人願意投入這樣的旅程，踏上這條道路，邁向那個我們其實一直以來早已置身其中的地方，而且這樣的人比你想像的還要多。

這不是一趟關於變成什麼的旅程。這趟旅程是關於卸除我們所不是的、關於不再欺騙自己。最後，它是很諷刺的。我們最後所到之處，不外乎是我們原來一直都在的地方，只是我們是以完全不同的理解來感知我們一直以來的所在之處。我們領悟到，每個人都在追尋的天堂，就是我們一直以來所在的地方。

嘴上說萬事萬物已是天堂、每個人已是覺醒的、每個人已是靈性是一回事。這是真的，但誠如古代一位有智慧的禪師所說：「如果你不是真的知道，對你一點好處也沒有。」

再次強調，我們需要的是誠實。每一件事本來即已完成、本來已是完整的靈性。我們也已經是我們將會是的一切，但是問題是：我們真的知道這些嗎？我們了悟了這些嗎？如果沒有，是什麼讓我們以其他方式來理解？而如果我們了悟了這些，我們是否將它們活出來了呢？它們是否在我們的生活中運轉呢？

因此，最重要的一步就是與你的生活調和一致，如此你才不會再以任何方式轉身逃避。而不可思議的是，當我們不再轉過身去逃避自己，我們會發現無比的能量，而且能夠展現出清晰與智慧，然後，我們將開始看見一切我們需要看見的東西。

8
覺醒的能量成分

覺醒將會爲一個人帶來許多不同形式的蛻變。覺醒是從那個人醒過來，沒錯，但它也會對那個人產生深遠的影響，更會在許多方面蛻變了那個人。爲了讓我談論的內容變得更具體一些，我才一直描述我的個人經驗，也就是我在二十五歲的那次覺醒，以及接踵而至的一些掙扎。我現在想要繼續說下去。

大約三十二歲的時候，在許多方面都出乎預料的情況下，我又出現了一次重大的覺醒。它在本質上與我二十五歲那年所經歷的並無不同，但是它卻是更加、更加地清晰。我想，正確的說法應該是二十五歲的那次覺醒有一點模模糊糊的，有點像是走進了太陽光底下，但卻是在一個霧濛濛的天氣裡。雖然我出現了感知上的轉變，但並非完全清楚。

三十二歲時出現的覺醒，是不可思議地清晰。那是一場不會回轉的不可逆事件，一次不可逆的看。我所看見的，其實與我在二十五歲時看見的沒什麼兩樣，亦即我是一切，同時也是無物，而且，我也是超越一切與無物的。我看見，眞正的自己是無法表達的。它有一種穿透、穿透、再穿透的感覺，直抵存在的根源。

我現在其實沒有興趣談論那一次覺醒的種種細節，我要說的只是，在那之後，我所了悟的東西從未再失去過。它從不曾被忘記，那個光圈一般的開口也不曾再度關閉。同時，我在身體層次也出現了一些現象，那就是我現在想要談的。

這些身體或說能量上的現象，經常是覺醒的一部分。有些人甚至在覺醒之前就會經歷我所要談論的現象，而有些人只會在覺醒之後經歷它。因此，我即將要談論的，無論一個人是否曾經歷覺醒都能適用。

當我們了悟了整體存在的眞實本性，也就是當存在本身覺醒到它自己，那份了悟之中幾乎總是有一種能量成分存在。我所謂的能量成分，意思是我們的身心系統出現了一個深刻的重整。在心理層面，頭腦出現一種迴路重新串聯的現象，重新串聯我們在情緒層次上的感知與理解方式。我們身體整個能量系統的流動與活動方式上，也會出現非常深刻的轉變，包括物質與精微層面的轉變。

隨著深刻了悟而來的一種最常見的能量轉變，純粹就是大量的能量被釋放至我們的身心系統之中。並非我們的系統從外在接收到一股湧入的能量，而是當我們變得眞正有意識的時候，那些堵塞處與障礙，也就是內在的屏障疏通了，如此一來，就會有無比巨大的能量獲得釋放。事實上，每一次小我結構消融時，就會出現能量的釋放。

只有當我們在回顧的時候，才能了解到做夢狀態本身，也就是小我的分離狀態，在許多方面呑噬了多麼大量的能量。唯有在它消融的時候，我們才能看見，要持續維繫我們多數人賴以生活的分離觀點，需要消耗多麼龐大的能量。當我們置身其中，我們對能量如何消耗在分離的夢境裡完全不知不覺。你可能會出現若干痛苦或絕望的時刻，在那些時候，你便可以感受到分離的觀點如何榨乾你的能量。但是，只有當意識自發地將自己從做夢狀態解脫時，才會出現內在巨大的能量釋放，主要原因是因爲障礙物已經不存在了。

我不想讓你有種印象，認爲你會以特定的方式、特定的強度體驗到這種能量。對一些人來說，這種能量的活動非常顯著，而對另一些人來說，這非常細微，只像雷達螢幕上的一個小光點。

當這股能量開始在我們內在啓動，會發生的一些最常見的事就是失眠，因爲經常發生的是，我們的身心尙未習慣滾滾而來的大量原始能量。可能的現象是，在覺醒之後有很長一段時間，你會發現自己的身心系統「加速」了。要讓我們內部的機制，包括頭腦、身體與精微體適應這股我們正在體驗的龐大能量，可能必須花上一段時間。這種調整過程並非一蹴可幾。

覺醒之後，多數人會發現他們的身心系統在忙著追趕，加班趕工，以整合並且適應隨著做夢狀態消失而來的新能量流。常見的是，人們會跑來見我，然後說：「阿迪亞，我已經六個月沒有睡好覺了，」或者「過去三年來，我沒有一個晚上的睡覺時間超過三、四個小時。」

這不一定表示有什麼東西出了差錯。頭腦總是有這種潛能，喜歡對發生的一切發表評論，告訴自己說「我睡得不夠，我沒辦法處理這件事，一定有什麼事錯得很離譜。」但是從另一個觀點來看，根本沒出什麼差錯。身體的整個能量在重整它自己，它正要進入一個不同的和諧狀態，那可能需要一些時間。

在這個粗大的身體能量層次，除了失眠以外，我見過人們體驗到各式各樣的情況。有時候，人們會體驗到心悸。有些人則是體驗到身體的自發運動，身體自發性地釋放能量，一條腿可能會痙攣，或者一隻手臂會以無預警的方式突然舉起來。身心系統是由頭腦所不了解的一股力量在推動著。

除了身體層次的能量湧入之外，經常也會有發生在更精微層面的能量轉化。在我三十二歲覺醒之後的幾年間，我感覺自己的頭腦就像是古老的電話交換機，工作人員必須從一個插座拔掉插頭，然後再插入另一個插座，那就像我頭腦裡的迴路串聯被解開，然後再以不同方式串聯在一起。

我不能說我知道發生了什麼事，也不能說我對它有任何了解，我就只是感覺自己頭腦的迴路被重新串聯了。從我頭腦的運作與作用方式，我可以感覺到我的大腦正在經歷一種深刻的結構性蛻變。那個能量轉變過程持續了兩年，幾乎就像是有個東西或有個人在我的腦細胞裡重新指揮、重新建構它。

幾年之後，我注意到自己更有能力保持清楚與簡單。我的頭腦變成一個更精微的、更有力量的工具，我能以非常精確的方式使用它，就像雷射一樣。在這種轉化發生之前，我不能說自己的頭腦是在那種層次上運作，然後有某種轉化發生了，它引領出全新的清晰度與專注。

頭腦也出現了很重要的、很高程度的寧靜。我已經靜心許多年，一直努力讓頭腦變得寧靜，但這種寧靜不一樣，其中並無將它變得寧靜的努力。隨著頭腦的結構重整了，亦即大腦迴路以不同方式重新串聯了，它變得寧靜許多。經過我的頭腦的思想，經常是「功能性思想」——那些必須要實際上思考的事物。

我們人類花了百分之十的時間去思考我們眞正需要想的事情，而花去其他百分之九十的時間在想像、幻想，或投入五花八門的、毫無眞實根據的內在故事與戲碼。覺醒之後，我注意到我的思想有更多是落入前面那一類，很少出現我過去一直在對自己述說的幻想與故事。

這種頭腦的轉化現象需要時間，因爲它是一種身體上的轉化過程。當我們的意識不再執迷於頭腦，頭腦就會放鬆下來，變得柔軟、敞開。這種過渡現象甚至會破壞一個人的記憶。我有許多學生出現了記憶問題，有些人甚至去檢查自己是否罹患了阿茲海默症。其實沒有問題，它們只是正在經歷一段轉化過程，那是頭腦的能量轉化過程。

這個過程是正常的。爲了讓頭腦能與其所見達成和諧，頭腦與大腦必須重新調整結構。我曾聽過廣受歡迎的靈性老師艾克哈特．托勒（Eckhart Tolle）的訪問錄音，他說，覺醒之後有整整兩年的時間，他在使用頭腦的時候都有困難。當時他所從事的工作必須使用頭腦，所以那對他來說確實很掙扎。

如果我們了解到這是自然的過程，那麼這種心理層次的重組，就不是我們需要去干涉或改善的事情了，我們可以好好放輕鬆，這是必然的。最重要的是放鬆下來，然後讓那個重新定向的過程自然發生。這個副作用很可能會令人不知所措，但是如果你不去相信自己對這些事情的種種想法，其實一切都會沒事的。只有頭腦會告訴你說，正在發生的一切都有問題，或告訴你說你無法處理它。

經常，如果有人說他們過去半年來都睡不好，而我也看得出他們對此感到很焦慮，我會問他們：「你眞的需要更多的睡眠嗎？你眞的知道你需要睡得比現在更久嗎？或者，你會半夜坐在床上，告訴自己說明天會有多麼累？」當我們放下那個「我應該睡多一點」的思想模式，當我們領悟到那不過是一個思想，那麼就會有不可思議的事發生。當我們放下頭腦對發生之事的詮釋，身心系統就能夠放鬆得更深。這種放鬆本身，能夠加速身體轉化的過程。

不只是我們思考與構想的方式出現了能量上的轉化，我們感覺的方式，也就是我們的感官與周遭世界連繫的方式，也會出現改變。覺醒之後，人們經常發現自己的感官變得不可思議地敏銳。這很常見，舉例來說，人們會發現自己的周邊視力範圍變寬了。我們也可能會開始察覺到、感受到過去不曾感受到的事情。我們可能會感受到他人的感覺，或者會發現自己對環境的能量或他人的能量場變得很敏感。我們可能第一次能夠察覺到動物的能量場，或是樹木、植物，或我們的房子或特定房間的能量場。

當這種能量上的展現發生，那是我們整個一己存在的敞開。有時候，人們會飽受煎熬。有些人過來對我說：「我能感受到其他每一個人的感受。我能感受到每個人心中發生的事。」這可能聽起來很神祕、很棒，但是想想，多數人都是相互衝突的。誰想要到處都感受到每一個人心中那些衝突的能量呢？在這種情況下，敏感度的提高可能對一些人來說會造成問題。

再次強調，通常有一些無意識的想法會出現，製造出有問題的感覺。我們必須非常清楚，我們每一個人都有自己的責任，你不需要和其他任何人有相同的感受。別人感受到的，是他們自己的感受。你可能可以去感受，但不表示那就是你必須去體驗的。有時候，一個人會對自己的通感（empathic）能力有些潛在的迷惑，而這樣的情況可能會造成問題。一部分的你覺得感受到別人的內在狀況令人不舒服，但另一部分的你又覺得喜歡。那彷彿在偷聽他人的能量狀態。如果我們無意識地發現它還挺令人愉快的，那麼它便會更常發生。相反地，如果我們對它不怎麼感興趣，我們既不排斥它，也不會刻意尋求它的發生，那麼我們的注意力就會自行前往恰當的地方。有時候，去感覺其他人的感受是恰當的，尤其是當你在與人交流或處於關係當中時，那有助於讓你在身體的動覺（kinesthetic）層次上理解對方。但是，你會開始了解到，當你和別人並未處於任何關係當中時，沒必要到處感受他們每一個人的感受。你會了解到，他們的事是他們的事，不是你的。

這麼說不代表冷酷無情，這是一種讓自己去適應這新發現的敏感度的一種方式，以免我們對別人的事情涉入太深。有一點很重要，必須注意，有些人會在根本沒有覺醒的情況下體驗到這類的通感經驗，而有些人也遠在覺醒發生的許久之前就出現了這類經驗。這類經驗並非覺醒的指標，但卻是覺醒之後常見的結果。

最重要的是，要識破任何可能源自這種非凡經驗的自我感，要識破任何可能從經驗中獲取娛樂或力量的自我感。對一個覺醒的人而言，有許多能力都可能會出現。一個已經覺醒的人，可能會出現治療的能力。只要和那人的臨在同在，就可能會對他人產生療癒效果。當然，這種療癒能力很美好，擁有這種能力也是件美好的事，但是，如果小我結構圍繞著身為治療師這件事而重新建構起來，它就會帶來困難。

基於這些理由，不去迷戀這種新的能量層次非常重要。如果我們對各種可能出現的能力產生迷戀，也就是那些我們有時稱為神通（siddhis，譯注：梵文，或音譯「悉地」）或心靈力量的東西，那可能會變成另一個靈性陷阱。

究竟而言，如果這些力量真的來臨，它便是以一份禮物而來，不是讓你緊抓不放、也不是讓你用來重建自我感的。事實上，有許多靈性傳統會警告學生不要執著於這些神通，也不要用任何方式增強它。雖然有許多類似忠告，卻不表示我們應該避免這些可能伴隨覺醒出現的特殊禮物。重點是讓它們如其所是，成爲過程中自然的一部分。

留意，允許，敞開，放鬆

如果你覺得這些能量對你來說衝擊太大，有一些方法能幫助你將這份能量落實下來。以我的例子來說，能量重整的過程持續了四至五年的時間才算塵埃落定。我很幸運，我的妻子穆克蒂當時是一位執業針灸師，她能協助我利用針灸落實這股能量。我經常建議人們，如果他們在身心系統裡流動的這股能量快要令人不堪負荷，有時，像針灸這類簡單的方法就能幫助它落實下來。有時候，僅僅是光著腳丫子在大地上走路，也能幫助這股流經你身心系統的能量落實下來。

現在，我必須說清楚，我不會建議你試圖控制這股能量，我見過很多人這麼做，卻碰上了麻煩。如果你想做任何事來協助過程的進行，請確保你只做落實這股能量的事。

有時候，這股層次提升的能量在活動或流動時，會碰見我們身體系統裡的堵塞處。你對這些堵塞處的經驗，可能是身體上的各種壓力表現。有時候，人們的心窩或腹部會感到緊縮，或在頭頂或眉骨後方感到有壓力。如果出現這種情況，重要的是要留意到它正在發生，然後放鬆。你不必試圖清除堵塞處。給它們足夠的時間，它們自然會暢通的。

如果你有興趣處理這些堵塞處，我建議你靜靜坐著，然後將注意力放在它們上面。只要將注意力放在它們上面，然後觸碰堵塞處，看看它們想告訴你什麼。不要試圖引導它或強迫它，只要保持開放，看看有什麼東西會顯示出來。

究竟而言，最有助益的是不讓思考過程干涉正在發生的事。當你體驗到覺醒，有許多你之前不一定有計劃的事會發生，而發生之事又可能與你的成長背景有所衝突。只要了解，身體、頭腦與感官上的這一類活動與轉化，對覺醒過程是自然且正常的，就可以了。

若能了解能量開展在很大程度上也是靈性開展的一部分，會很有幫助。它們幾乎總是一同結伴前來。如同我稍早說過的，有些人會很明顯地、深刻地體驗到這些能量開展現象，甚或有一段時間會感到不安。而有一些人會發現這些現象實在太溫和了，讓他們幾乎完全沒有注意到。我在此所提供的是一般性的要點。如果你能理解這個過程，事情會進行得順利許多，主要是因爲你不會再對它們感到擔憂。

9

當覺醒穿透了腦、心、腹

當我二十五歲經歷了我所描述的初次覺醒之後，我可以這麼假設：「喔，就是這樣了，這就是全部了。我已經目睹了實相的絕對本質。」我大可向全世界宣告我的發現，但我很幸運，因爲我內在有一個小聲音告訴我說：「這還不是，這還不是全部。繼續往前走。」

那個小聲音就某種意義而言眞是我的救星。因爲，在這趟旅途的某個時間點，會有一種強烈的傾向生起，會想要抓住自己的所見、宣示其所有權，然後從自己所了悟的東西創造出一個新的「開悟的自我」，一個「開悟的我」。

很慶幸的是，我的內在出現了一個小聲音。有時候，叫我們繼續往前走的聲音是來自外在、來自環境、來自生活本身。無論來自哪裡，重要的是不要去宣告擁有那初次的覺醒，不要假設你已經完成了。儘管感覺上，這趟旅程已經結束，但是很重要的是必須了解，是舊有的旅程結束了，是那趟通往初次洞見的旅程，是那趟你對自己是誰毫無意識的旅程結束了。現在，一趟新的旅程已經展開，那是一趟在你一己存在的每一個層次表達出不分裂的旅程。

不分裂的意思是什麼？

在這些教導裡，我談論過不分裂，而且我認爲覺醒等於處在一種不分裂的狀態。但是，我想要確定沒有人弄錯不分裂的意思。不分裂是覺醒的一種結果，它是了悟我們眞實本性的一種表達。如同我說過的，不分裂與成爲完美的、聖人般的一點關係也沒有。此外，覺醒之後也不保證，你不會在任何時間點、以某種方式體驗到分裂，沒有人能保證分裂不再發生。事實上，自由與覺醒，就是放下一切對於這類事情的掛慮，不去管覺醒的人會怎樣，或不會怎樣。

有一首著名的禪詩，在詩的最後是這麼形容覺醒狀態的：「沒有對不完美的憂慮。」因此，不分裂的意思不是要完美。不分裂不會去迎合我們頭腦裡對神聖或完美的形象。如果有人檢視我的生活，我很確定他們會找到很多理由說出這樣的話：「喔，那不符合我對開悟者的概念，那不符合我對一個不分裂的人該是何模樣的形象。」我敢肯定，我的生活可能無法符合許多人理想中的開悟模樣。事實上，我比多數人想像的更加平凡。對我而言，覺醒的一部分就是死去而融入平凡、融入不憂慮。

無論人們在檢視我的生活，或任何其他人的生活之後會說些什麼，一直要到不分裂的狀態在你內在開始醒過來時，你才能理解它的意思。我只能鼓勵你，不要去相信任何頭腦可能生起的神聖或完美形象，因爲這些形象只會擋路而已。成爲不分裂的，也就是從不分離、從「一」看待事物並且行動，是一件我們每個人都必須親身去發掘的事。以超越愛恨、超越善惡、超越對錯的方式去看，會是什麼樣子？這些東西必須從你自己的經驗去發現。評估他人的不分裂經驗毫無幫助。唯一重要的一件事是你在哪裡。在任何時刻，你是否從分裂狀態在體驗、在行動？或者你是從「一」來行動？是哪一種呢？

如同我提過的，覺醒會對人們產生不同的影響，這取決於他們的制約。我發現有一個對學生很有用的模型，就是去考量覺醒如何在我們一己存在的三個不同層次上影響了我們：心智層次（頭腦層次）、情緒層次（心的層次），以及存在層次（腹部層次）。當覺醒穿透了我們一己存在的全部，我們可能會在這三個層次分別體驗到不同程度的不分裂。

請記住，這三個層次純粹是比喻性質，只是一個工具，用來幫助你理解人們所經驗到的事情。只要這個概念性模型不受到太僵化的對待，它就可能有所幫助。

在眞實覺醒的片刻，靈性一下子從一己存在的各個層次獲得了完全的解脫。突然之間，我們覺醒到一種見地、一種感知的方式，那是與我們之前所知的一切截然不同的。隨著覺醒的發生，我們不一定能在我們一己存在的每一個層次將那樣完全而完整的見地穩定下來。它經常像是一條延伸到最長的彈簧繩，但又因爲一些業力傾向而縮了回去。它不會再回到覺醒之前的位置，但是會縮回至某種程度。這可能會在我們一己的存在當中，以不同的方式不規則地發生。

頭腦層次的覺醒

讓我們開始檢視了悟經驗發生之後，頭腦層次發生了什麼事。在頭腦層次體驗到不分裂是什麼意思？我們都知道頭腦層次的分裂是什麼樣子：有著相互衝突的思想，一部分的頭腦說「我應該這麼做」，而另一部分的頭腦說「我不應該這麼做」。分裂的頭腦就是自我衝突的頭腦。

多數人的頭腦都處於極大的衝突當中。我們的思考模式在好與壞、對與錯、神聖與不神聖、值得與不值得，甚至開悟與不開悟之間遊移不定。這些兩極化的思想在頭腦層次製造了分裂的經驗。

當我們醒來，那樣的覺醒穿透了頭腦，並在它之中顯露，我們首先看見的是，思考結構裡的東西沒有一樣是究竟眞實的。現在，別誤會我的意思，我的意思不是頭腦沒價值或它是壞東西。頭腦，只不過是思想罷了，它是一個工具，就和其他工具沒什麼兩樣。它就像一把鐵鎚、一把鋸子，或者一部電腦那樣的工具。

但是，在多數人類所在的意識狀態裡，頭腦很容易被誤認爲是別種它所不是的東西。頭腦非但沒有被視爲工具，反而成爲自我感的來源。多數人不斷在問他們的頭腦：「我是誰？」「生命是什麼？」「眞理是什麼？」他們巴望著頭腦能告訴他們，到底該做什麼、不該做什麼，這實在太荒謬了！你不會走進車庫，對著鐵鎚問說你是誰，或者該做什麼、不該做什麼。如果你眞的這麼做，然後你的鐵鎚也眞的回答了，它可能會說：「你幹嘛問我這種問題？你是問錯工具了。」

但是，我們就是在對頭腦做這種事。我們忘記了，頭腦是個工具，一個非常強大、有用的工具。每一件事都是從頭腦開始的：每一部你所駕駛的車子、每一棟你走進去的大樓、每一間你去逛的百貨公司，這全部都是從人頭腦裡的想法開始的。那樣的思想會被認爲是有用的、必要的，而且想法可以透過行動化爲現實。因此，頭腦是非常強大而實用的。

但是在人類意識裡，頭腦並不是單純地被視爲一個工具。實際發生的是，頭腦已經竄奪了實相。它已經變成了它自己的實相，而且程度已經高到令我們人類從思考過程中尋找自我感，也就是尋找我們自認爲的自己、我們的自我形象。

隨著覺醒之光穿透了頭腦層次，我們會看見，頭腦本身並沒有與生俱來的眞實性。它是一個可供實相使用的工具，但卻不是實相。以它本身而言，一個思想就只是一個思想。一個思想沒有眞實性。你可以有一個一杯水的思想，但是如果你口渴，並無法眞的飲用那個思想。你可以一直想著那杯水想到死，但是實際上拿起一杯眞正的水，然後喝下它，是一個全然不同的經驗。你可以在毫無杯子或水的思想的情況下，拿起杯子將水一飲而盡。因此，思想本身是空的，它空無眞實性。至多，思想是象徵性的，它可以指向一個眞理或一個物件的方向，但是許多思想甚至連這一點也辦不到。人類意識的許多思想，不過是一些思考著其他思想的思想——思考著思想。靜心者要靜心時，會有一個思想說：「我不應該想東想西。」但是，當然，那樣的想法本身也是一個思想。要陷入思考著思想的各種循環裡，眞的太容易了。

隨著我們在頭腦層次覺醒，我們會開始感知到頭腦以外的東西。我們會了解到，頭腦本身是空無眞實性的，而這是個深刻的了悟。嘴上說頭腦空無眞實性非常容易，對一些人而言，這甚至是件很容易了解的事。但是去看見頭腦空無眞實性卻是極端激進的事。看見我們整個自我感與世界都是在頭腦裡創造出來的，是很激進的一件事。當我們看見思考結構並無與生俱來的眞實性，我們便會看見，我們透過頭腦所感知的世界，也不可能有任何眞實性。這眞是天崩地裂啊！我們所感知到的自己，竟然沒有眞實性。

頭腦層次的覺醒是你整個世界的毀滅。這是一件我們永遠、永遠不期望發生的事。毀滅的，是我們的整個世界觀——我們受到制約的一切方式、我們一切的信念結構、人類從現在一直到遙遠過去的一切信念結構——所有這一切形成了這個特定世界，這個人類一致同意的共識，這種視事物爲眞實、確實認爲「我是一個人類」或者「確實有世界這個東西」或者「世界需要以某種特定方式運作」等等的信念。在頭腦層次覺醒，是所有這一切的徹底毀滅，因而也是我們整個世界的徹底毀滅。

當我們在頭腦層次覺醒，我們會開始想：「我的天哪，我看待這個世界的方式全是虛構的，其實根本是一堆夢。它完全沒有眞實的根據。我看待自己的方式也是虛構的。」你看待自己是開悟的或未開悟的、好的或壞的、值得或不值得的，並不重要。頭腦層次的不分裂，是將所有這些小我結構完全清掃一空。這個心理層次的世界毀滅有多麼徹底，三言兩語是說不清楚的。那是去看見，沒有一個叫做眞實的思想這種東西，並且在最深刻的層次上了解這一點，看見我們所創造的一切模型，甚至包括靈性上的模型與教導，其實都只是一堆夢。

佛陀自己說過，所有的夢都是空的。法就是教導，法就是他所談論的眞理。而他所談論的其中一個眞理就是，這一切的法，這一切他對弟子所說的眞理，全是空的。你是誰的眞相，甚至超越了所有曾被談論過的、寫下的或誦讀的最偉大的法、最偉大的經典，以及最偉大的想法。

這種內在經驗是毀滅的體驗。我經常告訴人們務必知道這一點：開悟是一個破壞的過程。它和變得更好或變得更快樂一點關係也沒有。開悟是非眞相的粉粹。它是揭穿虛假的表面，它是徹底根除一切我們想像爲眞的東西，包括我們自己以至整個世界。

在這個過程裡，我們會發現，即使是人類歷史上最偉大頭腦的最偉大發明，也只不過是一個孩子的夢。我們會開始看見，所有的偉大哲學與偉大的哲學家，也是這個夢的一部分。頭腦層次的覺醒就像掀開簾幕，就像《綠野仙蹤》裡的桃樂絲，她本來期待能看見奧茲大帝，但是簾幕一掀開的時候，卻發現奧茲大帝只是一個拉著桿子的矮小之人。識破頭腦的本質好比如此，那是一件激進的事。當我們看見一切被視爲眞相的事物，其實不過是做夢狀態的一部分，而且支撐著這整個做夢狀態，這會是件出乎意料之外的事。

沒有所謂開悟的思想這種東西，對我們的身心系統而言，看見這一點是個莫大的衝擊。事實上，我們多數人會保護自己不去看見這份眞相。我們嘴巴上說自己想要眞相，但眞的嗎？我們說我們想要認識實相，但是當它出現時，卻是與我們所想的天差地別。它與我們的生活背景不符，它與我們對它既有的形象不符，它是某種完全超出它們之外的東西。它不只是超乎它們之外，它事實上是毀滅了我們以舊有方式去看待世界的能力，它粉碎了我們的世界。

到頭來，我們所剩的就只有空無。我們完全兩手空空，沒有任何東西可以抓取。誠如耶穌所說的：「狐狸有洞，天空的飛鳥有窩，人子卻沒有枕頭的地方。」〈譯注：出自〈馬太福音〉8：20〉沒有任何概念、沒有任何思想結構是可以讓你安歇的地方。

這就是徹底釋放的意義。唯有透過徹底釋放，我們之所是的眞理才能在不受扭曲的情況下完全流露。然而，這種頭腦層次的徹底釋放，通常不會在一個人初次瞥見眞理時就徹底完成。我們的心理構造通常會在覺醒之後持續崩毀一陣子，但是，前提是你允許它們如此，而且你看見頭腦與世界的崩毀就是存在的眞理想要完成的事情。在我們停止以事物的非眞實本質來看待它們之前，我們無法看見事物的眞實本質。

頭腦層次的完全覺醒是一件非常深刻的事情。當我遇見一些出現某些眞實覺醒的人時，我經常發現，就某種程度而言，他們的頭腦已經強迫收編了他們所了悟的東西，然後將它轉變爲另一種心理公式。當然，這將導致那份直接的了悟從他們的指縫間溜走。遲早，我們會發現我們無法將眞理概念化。我們若能領悟這一點，頭腦就能變成一個工具，變成一種有別於思想的實用工具。頭腦出現了一種新的可能性，頭腦、思想，甚至話語，能夠源自一個不同的地方，那麼在使用頭腦的是你一己的存在。思想可以從寧靜中生起，話語可以從寧靜中生起，溝通可以從寧靜中生起，從一個遠遠超越頭腦的地方生起。然後，頭腦就會被作爲一個工具來使用，作爲一個溝通、指點、指示的裝置。但是，它會永遠保持透明，永遠不會執取些什麼、不會創造新的信念或意識形態。

心的層次的覺醒

這裡的心這個字，指的是我們的整個情緒系統，我們的整個情緒體。在情緒層次覺醒，意味著不再從我們如何感受、感受到什麼來獲得自我感。我們是否感覺很好、感覺不好、感覺健康、感覺病懨懨、感覺清醒、感覺疲累……我們不再透過自己的經驗去獲得自我感。

通常，我們的自我感都是與我們的感覺連在一起，或糾纏在一起。所以，如果我們對自己說：「我覺得很生氣」或「我很生氣，」我們其實在說的是，這一刻，我們的自我感充滿了憤怒情緒。而當然，這種混合感是個幻覺，因爲眞正的我們無法用穿過身體的情緒來定義。

在情緒層次覺醒，表示我們開始去看見並且了解到，我們的感受無法說出我們是誰、我們是什麼。它告訴我們的就只是我們感覺到了什麼，僅此而已。我們不需要逃避或否認我們的感受，但它也無從定義我們。當我們不再從情緒層次定義自己，我們的自我感就能從情緒層次、從情緒層次上的衝突感受獲得解脫。

對多數人類而言，它代表的是一個革命性的蛻變，不再透過我們的感受來定義自己。但是，當然，我們無法透過逃避感受來辦到這一點。我們的情緒與感覺其實是一種很奇妙的指標，能夠指出我們一己存在裡懸而未決的部分，那些我們可能已經識破或尚未識破的部分。我們的身體是個絕佳的眞相測量表，我們一進入分裂的情緒感受，例如仇恨、欣羨、嫉妒、貪婪、怪罪、羞恥等種種情緒，我們就會知道，那是由分裂狀態感知而來的。這些來自分裂狀態的情緒，就像一支支小小的紅色旗子，提醒我們：我們不是從事物的眞實本性來感知事物。

情緒的騷動能夠告訴我們，我們抱持著不眞實的無意識信念。我們的頭腦打包了某種東西，或許它打包了當下的一個時間，或許打包了過去。我們知道的是，它打包了一個爲我們製造出騷動的事件。

情緒體，是進入任何一件需要被看見之事的絕佳管道。它是一個進入任何幻覺、任何只製造分離感之事物的入口處。如果我們情緒不穩定，亦即會輕易受到打擊而情緒失衡，那麼好好檢視我們的情緒生活就是件極爲重要的事。我的意思不是說，我們必須分析自己的情緒，或採取任何治療措施，那或許對一些人相當必要而有益，但卻不是我在此想要傳達的重點。我所說的是在一個更爲根本的層次上處理情緒體。我所說的是探究恐懼的本質、憤怒的本質。當我們感覺到情緒上的緊縮，那種緊縮到底是什麼呢？

我們多數的情緒，特別是所謂的負面情緒，都能追溯至憤怒、恐懼與評斷。當我們相信自己的思想念頭時，這三種情緒就會生起。我們的情緒生活與思維生活其實並非分離的，它們是同一件事。我們的情緒生活揭露出我們無意識的思維生活。我們會對自己經常不曾察覺的思想做出情緒化反應，如此一來，那些無意識思想便得以現前。

人們來找我時，經常苦於受到某種特定情緒的煩擾，可能是恐懼、憤怒、憎恨、嫉妒等各種情緒。我告訴他們，如果他們想要釋放這些情緒，就必須探究這些感受底下的世界觀。如果情緒能說話，它會說些什麼？它擁有什麼樣的信念模式？它在評斷些什麼？

我眞正想問的問題是此人如何被捲入了分裂的情緒狀態？如同我說過的，只要我們從分裂狀態來感知一切，就必定會體驗到負面情緒。我們的情緒生活是個清楚又可靠的指標，指出自己是否從分裂狀態來感知事物。每當進入分裂，我們立刻會感受到某種程度的情緒衝突，這有提醒你多加注意的功能。一個人一旦感受到情緒衝突，就應該提出以下問題：「我是怎麼進入分裂狀態的？此時此刻，是什麼造成了這種分離、孤立與防衛的感覺？我相信的是什麼？我做了什麼樣的假設，而且讓它複製在我的身上、顯現爲情緒？」

情緒與思想就是如此連結在一起的，它們是同一個東西的兩種示現。它們是牢不可分的。經常，當人們帶著負面情緒來找我時，我會請他們辨認出情緒或感覺背後的思想。有時候，人們會堅持情緒背後沒有思想，如果是那樣，我建議讓他們單純地與情緒坐在一起，然後靜心冥思它。如果情緒會說話，它會說什麼呢？

我時常注意到，一旦人們花上一、兩天或一個星期來處理難熬的感受，他們會有一種類似「啊哈！」的感覺。他們會告訴我：「阿迪亞，我眞的以爲沒有什麼思想附著在我的情緒上。我以爲那是單純的恐懼或憤怒，或怨恨，但事實上，當我眞的深入它，然後眞的安靜下來，突然之間，我開始聽見那個故事了。我可以聽見那些製造出情緒的思想。」

一旦人們順利找出製造出情緒的思想，他們就能開始深入探究，到底那個思想是什麼，它是否眞實。因爲，當然，沒有任何導致分裂的思想是眞實的。

這的確令人震驚不已。在我們所成長的世界裡，有某些負面情緒一直被認爲是正當的。作爲受害者的感覺就是一個絕佳的例子。我們會說：「嗯，什麼跟什麼事發生在我身上，誰跟誰對我做了什麼，因此，我是一個受害者。」我們可以圍繞著自己是個合理的受害者這樣的信念，建立整個思維與情緒生活。但是當我們好好檢視這件事，我們會看見，這只是我們進入分離狀態的一種手段。實相不會以受害者的角度來看事情，它是從一個全然不同的觀點來看的。我們可能會想：「誰跟誰不應該這麼對我說那些話，」但眞實狀態是他們確實說了。頭腦一旦說什麼事不該發生，我們便會體驗到內在的分裂，而且是立即的。我們爲何會體驗到分裂？因爲我們在與實相爭辯。

這是十分確定的：如果我們與實相爭辯，無論是基於什麼理由，我們就會進入分裂狀態。事情就是如此運作的。實相單純地就是如是。只要我們內在對它還有任何的評斷、有任何的譴責，說它不應該如此，我們就會感受到分裂。

多數人所受的教育是，對某些事情進入分裂狀態是件自然的事。我們被教育說：如果不對某些事情、對自己或別人的痛苦進入分裂狀態，就是在欺騙自己。這彷彿在說，在特定事件發生時，如果我們的內在不體會到某種分裂，就是個無感的人。

但是，這就是進入了悟的更深領域時，其中一個令人訝異與震驚的部分：我們領悟到，根本沒有一個正當理由來與實相爭辯，因爲我們永遠贏不了這場戰爭。與實相爭辯是一件保證帶來痛苦的事，是保證受苦的完美處方籤。

更糟糕的是，我們發現，自己與我們所爭辯的無論是什麼對象，緊緊地綁在一起了。無論它是發生在三十年前或是昨天早上，如果我們與它爭辯，我們就被它所困。我們會一而再、再而三地重複經歷同樣的痛苦。與某件事爭辯，並無法幫助我們超越它，也無法幫助我們處理它。它其實是囚禁了我們，將我們與所爭辯的事物牢牢捆綁在一起。

領悟到我們與如是的現在或過去所做的一切爭辯，完全沒有任何眞實的根據，這確實是相當令人驚訝的一件事。我們的爭辯只是做夢狀態的一部分。現在，說它們是做夢狀態的一部分，或聽別人說它是，已經不夠了。我們每一個人都必須自己去發現，每一個人都必須深入探查自己的情緒生活，將任何導致我們體驗到分裂的東西帶入覺知當中。我們必須檢視自己的情緒，然後看看它們如是的樣貌。我們必須去質疑它們的眞實性，在寧靜當中對它們靜心冥思，然後讓更深處的眞相自行顯露。

我說過，這不必然是一個分析的過程。眞正的探詢是經驗性的。我們追求的不是阻止某件事發生，因爲眞正的探詢除了眞相之外，別無其他目標。它不是試圖療癒我們，或防止我們感受到不愉快的感覺。探詢無法單由不想受苦的欲望這個單一動機所驅動。不想受苦的驅策力是可以理解的，但是有另外的東西必須伴隨著眞正的探詢，那就是去看見何謂眞實、看見自己如何讓自己陷入衝突的欲望和意願。

一旦我們了解到，是你和我讓我們陷入衝突，生活中沒有人、也沒有任何處境有能力這麼做，我們便能看見，自己的情緒生活就是一個入口。它發出了一份請你更深入觀看、從覺醒狀態觀看的邀請，那樣的狀態不試圖改變任何事，它本身就只是個眞理愛好者。

很容易會誤會我說的話，將它詮釋爲所有負面情緒都是分裂的指標，這不是我話裡的意思。一個人可以在不覺得分裂的情況下感到悲傷，一個人可以在不分裂的情況下感到哀痛，一個人也可以在不分裂的情況下感到某種程度的憤怒。在西方文化裡，我們對這樣的概念沒有太多關聯的背景，但是在東方，卻有數量龐大的憤怒神祇。例如，在藏傳佛教與印度傳統裡，人格化的神祇並非總是置身天界，安坐蓮花之上，綻放出美麗的微笑。在這些傳統，以及世界各地的其他傳統，靈性包括了人類五花八門的、範圍廣大的情緒經驗。因此，一個人不應該下結論說，負面情緒的出現，或者我們所謂的負面情緒，就是幻覺的指標。關鍵是該情緒是否源自於分裂。如果是，那麼該情緒就是立基於幻覺。如果你眞誠地探詢，而且發現某種情緒不是源自於分裂，那麼它就不是立基於幻覺。看見這一點能讓我們敞開自己，擁有範圍廣泛的情緒。我們能敞開自己，成爲一個廣闊的空間，讓各種情緒能張開翅膀，穿越我們的身心系統。那麼，我在此所談論的自由，就是一種從源自分裂的情緒中解脫的自由。

情緒如何維繫分離自我的幻覺？

如果我們深入觀看，我們會看見，恐懼正是讓我們情緒的自我感獲得完美維繫的關鍵。那麼，爲什麼我們如此恐懼呢？因爲我們存著一種認爲眞正的我們是受限的、分離的概念。我們擁有一個能受到傷害、能被損毀或受到冒犯的自我形象。

我們必須透過自己的深入探究，看見這種自我感其實是個幻覺。它不是眞的，它是我們告訴自己的一個小謊言。是那個小小的結論——認爲我就是那個我所想像的自己這樣的想法，讓我們開始迎向恐懼。因爲，那個我們想像的自己，也會想像自己隨時可能受到傷害，那個虛幻的自我感將生命視爲危險重重的。隨便一個人都可以過來對我們說些不友善的話，然後，那個虛幻的自我感就會立刻陷入衝突與痛苦。由於我們的自我感如此易受傷害，我們因而感到非常缺乏安全感。

我們身爲一個分離自我的存在感，是源自一種思想與感覺的混合體。我們大多數的情緒都是源自我們的所思所想。身體從頸部以下就是一個複製頭腦思想的複印機。身體與頭腦是連結在一起的，它們是一個銅板的兩面，我們會感覺到我們所想的東西。當我們出現一種情緒，體驗到的實際上是一個思想，而這個思想本身通常不是有意識的。我們被套牢的方式十分不可思議：我們的感覺中心、心的中心，會將思想複製成感覺，它會將這些觀念轉化爲非常眞實的、栩栩如生的、能被眞切感受到的覺受。

當我談到頭腦層次與心的層次時，也許聽起來好像在談論兩件不同的事，但是我其實談論的是同一個現象：身體與頭腦，感覺與情緒，它們是銅板的兩面。

隨著我們開始從頭腦層次與情緒層次的執念與身分認同覺醒，我們會看見，根本沒有一個能被傷害的人，沒有任何人或任何事能夠被生命所威脅。眞相是，我們就是生命本身。當我們能看見並且認知到我們就是生命整體，我們就不會再懼怕它了，我們不會再對生死與生命感到害怕。但是，在我們確切看見這一點之前，我們會將生命視爲嚇人的，好似一個我們不得已而必須跨越的障礙。

情緒層次的覺醒，能讓我們從這些根植於恐懼的執念中解脫。當我們開始在這個層次覺醒，便能自由自在地更深入去感受這個世界，一個全新的可能性於是在我們眼前鋪展開來。我們的情緒體，整個以心爲中心的部位，有能力展現不可思議的敏感度。它是那未顯化之事物的感覺器官。它是那未顯化的用以感覺它自己、體驗它自己、了知它自己的管道。這和那個「我」透過情緒與感覺來感受自己、找到自己的概念非常不同。我們越是覺醒，越是能夠體會到，整副身心（身體與頭腦）確實是那絕對的、那合一之我的感覺工具。

可以說，我們從情緒體覺醒的程度越高，情緒體本身也會覺醒得越高，它打開了。我們在情緒上的衝突越少，我們的情緒體也會越敞開。這是因爲，我們越是了悟到沒有什麼需要保護，所有導致我們進入情緒性保護狀態的思想、概念與信念都不是眞的，我們也就越能夠敞開。

這個層次的覺醒可以說是靈性之心的開啓。或許你曾見過一種耶穌的畫像，其中他眞的將手伸進心的部分，拉開胸部的外皮，展示出一顆非常美麗的、閃耀著光芒的心。這是象徵靈性之心開啓的一種描繪。一個覺醒的生命，在情緒上是極度開放的，他是一個不會在情緒層次或思維層次上防衛自己的人。當我們在心的層次覺醒過來，發生的其中一件事就是：我們發現自己處於一種絕對的、徹底無防備的狀態，而當我們毫無防備，自然流露而出的就是愛，無條件的愛。

實相的究竟本質是無所分別的，實相就是如是。一顆覺醒之心的眞正標誌就是：它是如是那無分別的愛人。這意味著它愛一切事物，因爲它視一切事物爲它自己。這就是無條件之愛的誕生。這種無條件的愛一旦開始在我們內在開啓，它就成了實相用以表達自己的一種方式。透過一顆覺醒之心，實相與自己墜入了愛河。這不是件個人的事，這是實相，身爲無分別之愛人的實相，愛上了它自己。它愛萬事萬物、愛每一個人，甚至愛那些在性格層次上你可能不會愛的人。當你開始領悟到，你愛那些在性格層次上你並不愛的人事物時，這著實不可思議！你了解到這完全沒有關係。當眞理覺醒了，它愛萬事萬物，它愛那些你的性格會愛的人，也愛那些你的性格不愛的人。覺醒之心愛著如是的世界，而不是那個可能的世界。我們在這個層次上越是覺醒，就能體會到更多無條件的愛，而那是人類生命最深刻的召喚之一。

腹部層次的覺醒

第三種覺醒，是在「腹部」（譯注：原文爲gut，可指實際的內臟、腹部。常用的喻意指核心部位，人的本能與直覺；gut feeling即直覺）的層次覺醒，那是存在性最強的自我感。那個部分的我們，有一種最爲核心的執著與緊抓，它緊抓著我們的根。那就像是在你身體腹部的正中央有一個緊握的拳頭，那是我們最爲原始、本能的自我感，那個緊抓與緊縮的東西。所有其他的自我感，都是圍繞著這個緊抓與緊縮而建立。

當靈性或意識成爲了形相、成爲顯化的，剛開始它會以震撼的體驗呈現。這種從無限潛能進入受限之形相經驗的突然移動，對意識本身來說是非常震撼的。這種本能的緊抓感，就是在肉體層次上被體驗到的緊縮、震驚。

要體會我在此所形容的東西，請想像你自己正在出生。你正在從一個受到完整保護、溫暖而滋養的環境裡出來，然後突然之間，你置身一個房間裡了。那裡比你原來所在的地方寒冷得多，充斥著刺眼的光線與巨大的聲響。有人在抓著你，用力拉扯你。這就是你與生命的初次邂逅，子宮之外的生命。如果你能想像這種場景，便不難理解那個小寶寶的腹部爲何會緊縮成一團了。誕生的過程是如此暴力、如此突如其來、如此意外，以致於造成了這種緊抓。

除了最初成爲形相所帶來的震撼之外，我們在生活中也會體驗到許多強化腹部緊縮的經驗。無論是童年時期或在成長過程裡，我們多數人偶爾都曾有讓自己瑟縮在恐懼與震驚裡的經驗。這些經驗也會加劇腹部層次本能的緊抓感。

我們要如何面對那樣的緊抓感呢？我們要如何處理它呢？終究，我們必須面對那份緊抓的恐懼，因爲那就是緊抓的意義——它只是一種恐懼反應。那彷彿你在腹部裡有一個緊握的拳頭，它在吶喊著：「不要、不要、不要、不要、不要！拒絕生命！拒絕存在！拒絕不存在！不、不、不！我會緊抓不放！我會堅持到底！我不會放手！」

即使是邁向覺醒的行動，有時候也會製造出恐懼。當人們距離覺醒越來越近時，他們經常會體驗到恐懼，因爲覺醒就是這種腹部之緊抓的突然鬆開。但是，並不保證這份緊抓會保持鬆開狀態，它可能會再度緊抓。但是剛開始的時候，覺醒就是這份緊抓的鬆開。隨著人們越來越接近覺醒，他們通常會在腹部體驗到一種本能的、抓得更緊、握得更牢的感覺，彷彿他們即將被殺死或被毀滅似的。那是從身心系統裡生起的、無理性的恐懼。

當人們告訴我他們出現了這樣的體驗，我對他們說的第一件事就是這很常見，幾乎每個人在某個時間點都會出現這樣的體驗。「這不是個問題，」我說。「你現在只是意識到了一種從前可能沒有意識到的緊抓感。」

這時候，一個普遍的問題就是：「我要如何擺脫它？」這種問題是來自小我的意識觀點。小我意識總是想要擺脫令人不舒服的東西，但是，當然，你努力擺脫的事物，經常會持續存在。是那個努力擺脫某個事物的行爲本身，延續了該事物的存在。透過努力擺脫某種東西，你無意識地賦予了它眞實性。如果你努力擺脫它，你就必須將它認知爲眞實的，而你在無意識間賦予它的眞實性，更爲你努力擺脫的事物增添了能量。這種緊握感無法透過技巧來解決。就某種意義而言，覺知到你什麼都不能做，就是你所能擁有的最重要領悟。

問「我該怎麼做？」這樣的問題，等於是以隱晦的方式在問：「我如何控制這個處境？」對付這種頑固意志的唯一解藥就是放下它。一個人要如何放下這樣的頑固意志呢？嗯，這非常微妙，因爲即使是一個人要放下頑固意志的努力本身，也是一種頑固意志的行爲。

或許每一個人都曾有過努力放下或臣服的經驗，但是努力與臣服是兩個互相排斥的概念。只要我們還有努力，就不會有放下。

因此，會有一個所有技巧都消失，一切我們所學的、關於如何重新將意識調整至一個更清明狀態的技巧全部失效的時刻來臨。我們的技巧將毫無用處。有一個時間點會來臨，屆時我們必須了解到，要在腹部的層次放下，沒有什麼事是「我」能夠做的；要臣服，也沒有什麼事是「我」能夠做的。然而，臣服與放下絕對是必要的。

在這個時間點，最重要的就是讓這個事實深入內在：沒有什麼事是這個「我」能夠做的。全然地讓這個事實深入內在，完全被這樣的覺知所穿透，這麼做本身就是最終的放下，就是鬆開緊握的拳頭，就是打開那最爲存在性的、最原始而根本的自我感。

爲了要促成這件事發生，你必須看見你不可能去做這件事。你必須走到這樣的盡頭，必須來到山窮水盡的境地。唯有到那時候，自發的臣服才會發生。我們身而爲人所能做的唯一一件事，就是看見所有的執著皆是枉然，一切的執著都是一種隱藏的形式，用來拒絕眞正的我們之所是。

當你在腹部層次臣服而不再緊抓，它可能會感覺彷彿快要死去。但是你不會死，是那個分離自我的幻覺會死。儘管如此，它仍會感覺像是你快要死去。唯有在你願意爲眞理而死的時候，那種緊抓才能眞正放下。

在我進一步說明之前，我想要補充一些事情，這可能會適用於某些人。有一些人曾在生命中遭遇過極爲艱難的時刻，而他們經歷過的創傷事件，很可能造成他們在根本的一己存在層次產生更深的緊抓感。對這些人而言，在腹部層次的緊抓，可能會在他們越來越接近意識更深階段的時候，變得越來越嚴重。如果這是你的情況，重要的是不強迫任何事情。你可能需要特殊的協助來處理覺醒的這一面向。找到一些方式來處理自己體驗到的深刻創傷感是必要的，如此你才能夠放下它。如果這是你的情況，我建議你尋找一位眞正懂得如何處理這類經驗的人、懂得如何以有益的方式面對它們的人。方法若有用時，你會知道的，因爲它會開始運轉，這個腹部上存在層次的緊抓將會開始放下。

當然，對我們所有人而言，成長會帶來某種程度的創傷。即使你擁有一個美好的教養背景、最爲慈愛的父母，以及全世界最滋養的環境，若沒有體驗到某些程度的創傷，就不算成長。就某種意義而言，生命本身就是會帶來創傷的，對一個分離的自我感而言，它是會帶來創傷的。生命對分離的自我感而言是個威脅，根本無法擺脫。

腹部層次的覺醒需要你面對並且釋放我們最深的存在性恐懼，它也需要你面對並且釋放我所謂的**個人意志**，或者我們可以說是「這是我要的，而且是我要的方式」的那一部分自己。終究，個人意志是個幻覺，那就是爲什麼當我們試圖利用它來控制、主宰事件時，常會導致令人挫折的結果。但無論它是否是幻覺，它都必須被面對、處理。這個任務需要最深的臣服，以及對眞理的最深虔敬與眞誠。

眞實的了悟、眞實的開悟，來自完全交出個人意志、完全的放手。當然，這經常讓我們那虛幻的自我感恐慌不已，因爲它只會將放棄個人意志詮釋爲帶來創傷。我們擔心放手會讓我們暴露在危險之中。我們以爲，如果我們放下個人意志，就永遠無法得到我們想要的、世界也永遠無法如我們所願，而且所有的事都將不再按照我們想要的樣子發生。

我們終究會看到的是，這些結論本身只不過是思想。事實上，根本沒有一個東西叫做個人意志，但是在我們眞正看見這一點之前，意志的經驗是我們必須經歷的。

這就是我們開始遇見幻滅之智慧的時候了。當我們對某件事幻滅了，表示我們已經走到了意志的盡頭。唯有當我們走到意志的盡頭，蛻變才會發生。

那些曾對藥物或酒精上癮，而後來成功戒癮的人都知道，戒癮的一個很重要元素就是個人意志的結束。你了解到，你無法透過個人意志來改變癮頭，你的意志沒那麼強壯，而且你無法靠自己辦到。但一個上癮者來到「跌至谷底」的時刻，這意味著他的個人意志已經瓦解了。而當我們的個人意志瓦解了，會有一股全然不同的力量湧入我們的身心系統。那是靈性的力量，而且現在，它可以運作了，因爲我們不再透過死守著個人意志來逃避它。

我們所有人在一己的覺醒過程當中，都將遇上個人意志的極限。多數人會遇上許多次，而且是在越來越深的層次上，直到它徹底熄滅爲止。

個人意志的喪失其實完全不是一種喪失。它不是讓我們變成了被踩在腳底的人，不再知道要做什麼、要怎麼做。情況剛好相反，透過交出個人意志的幻覺，一個全新的意識狀態將在我們內在誕生。重生發生了。那幾乎是我們內在深處的一種復活。這種復活相當難以解釋，正如靈性領域裡的許多事情一樣，但最重要的是，我們的活動將開始受到生命的圓滿與完整所驅使。

這種活動在道家傳統裡描繪得非常生動，道家傳統一向著重於「道」、亦即眞理，透過我們所做出的表達。如果你讀過《道德經》或見過一些道家教導，你會開始感覺到意志如何被一種流動感所取代。

當你離開駕駛座，你發現生命原來可以自動駕駛，而且其實生命永遠一直在自動駕駛。當你離開駕駛座，生命可以更輕鬆地駕馭它自己，它能以你從未想像過的方式恣意流動。生命幾乎變成了奇蹟。「我」的幻覺不再干擾了。生命開始流動起來，而你永遠不知道它會帶你去向何方。

隨著個人意志的消失，人們經常會對我說：「我甚至不知道該怎麼做決定了。」這是因為他們越來越無法從一個個人觀點來運作了。一種新的運作方式出現了，而它的重點並不是眞的在於做這個決定或那個決定、做正確的決定或錯誤的決定，而比較像是在引導一道流。你會感覺到事件流動的地方，然後感覺到應該做的正確之事，就像一條河流知道要往哪裡繞過一塊岩石，要往左或是往右。那是一種直覺性的、與生俱來的了知。

這種流動永遠對我們開放，但是由於多數人都迷失在思想的複雜世界裡，以致根本感覺不到生命那一種簡單而自然的流動。在思想與情緒的亂流之下、在緊抓著個人意志的情況下，確實有一道流存在。那裡是生命單純的活動。

我最喜愛的開悟定義之一，是出自多年前過世的耶穌會會士戴邁樂（Anthony DeMello，譯注：1931～1987，印度籍耶穌會會士與神祕家）。有人請他定義他的開悟經驗，他說：「開悟是與那不可避免的絕對合作。」我喜愛這種說法，因爲它對開悟的定義不只是一份了悟，而是一項活動。開悟是當我們內在的每一件事都與生命之流、與那不可避免的充分合作。

當我們的內在不再如此衝突與分裂，我們會感覺到那不可避免的：生命流向哪裡、它又去向何方。我們不會再問：「這是正確的方式嗎？我怎麼知道這是對的還是錯的？」這類問題其實是扭曲了我們的感知。有更微妙的事情正在發生，那就是生命之流。

當我們交出我們的意志，也就是與腹部的恐懼面對面，並且眞心誠意地願意對我們所害怕的任何東西說「是」的時候，那麼我所談論的每一件事都將爲我們所得。若我們能夠對生命說一聲簡單而眞誠的「是」、對死亡說「是」、對小我自身的消融說「是」，我們便不再需要掙扎了。這就成了我們游刃於生活之間的新方式。這個流動就是引導我們過生活的東西，而不是觀念、概念，不是我們應該或不應該做什麼，不是對或錯的。經過一段時間之後，我們會看見，這份流動永遠都是不可思議的。它是合一的表達，它以具療癒效果和充滿了愛的方式引領著我們的存在，而且以我們難以想像的方式將事物結合在一起。

10

努力或恩典？

我經常被問到，覺醒過程中有多少是恩典成分，而有多少是需要一些有意識的勤奮或努力？

坦白說，這種問題很難回答。在「不二」的激進教派裡，許多人會說一切皆取決於恩典，沒有任何努力的空間。他們會說：「徹底地、徹底地放下，徹底地將一切交付恩典，因爲並沒有一個分離的做者，只有神的意志，而且一切皆脫離不了神的意志，因此，究竟而言，一切皆是恩典。」

當然，也有其他的教派與方法是比較側重努力的。這些教派會說，你必須努力超越一己的幻覺，你必須要有極好的修練紀律，你必須要有眞正想去好好看並且質疑的意願。

這兩種觀點經常互相否定。說你必須付出大量努力的教法，對自發性與自然性經常給予極少的空間；而說一切皆是神的意志的教法，說你沒有任何可扮演的角色，因此你只要放鬆，讓一切自行其事就好的教法，也可能變得執著於一個絕對觀點，而容易忽視更開闊的視野。我很久以前便領悟到，眞理永遠不會存在於任何兩極化的敘述或二元對立的公式裡。當然，我對實相之究竟本質的經驗，也是無法以二元對立方式表達或公式化的，它超越了一切二元對立的觀點。

因此，當人們問我他們是否需要努力、是否全是恩典、他們自己是否需要付出任何關注，我所能提供的最佳指示就是往自己的內在尋找答案。如果你眞的對自己很誠實，你內心就會知道是否需要探究頭腦或身體或本能裡的執念，當你必須保持紀律，仔細檢視某件事情，你也會知道。而如果你必須付出努力去檢視它，那麼就這麼做吧，請努力檢視它、質疑它，然後發現它。

再次強調，我們的一切執念皆由概念層次而來。有一個入手處是檢視自己相信些什麼、有什麼特定的想法導致你感知到分離或陷入情緒的分裂。這就是紀律，是覺醒過程中的努力部分：質疑的意願與勇氣。有時候，我們必須走出怠惰或懶散的氛圍，挑戰自己，帶著清晰的眼光去看事情。

我經常告訴我的學生，擁有質疑的勇氣是必要的，而這需要眞正的能量。要檢視某種非常深層的東西，需要很大的勇氣。要檢視你的潛在模式，亦即一個心理、身體或情緒上的執念，需要集中注意力與專注。如果我們對自己夠眞誠、夠誠實，會直覺地感覺到自己在逃避什麼。如果我們能找到誠實的能力，就會在需要付出努力的時候，從內在感覺到。

如果我們深深地傾聽，也會感覺到何時該放手，感覺到何時該讓恩典做它能做的事。我們會知道何時該敞開自己，放下所有的奮鬥與掙扎，而這可能也包括放下探詢或質疑。有一個時間點會來臨，你會知道自己已經做盡了一切你所能做的事，你已經完成目標，必須放手讓某種有別於你那虛幻自我感的東西來接管。

對於何時該採取哪一種方式，我無法給你任何處方籤，這是敏感度的問題，是你對自己是否誠實的問題。有時候，人們會問我他們是否需要靜坐。「有些人說我不應該靜坐，因爲那只是追尋更多的自我，」他們會這麼說。「有些人又說我應該靜坐，因爲如果我不靜坐，可能永遠不會覺醒。你覺得如何？」

我對那些人說：「嗯，你說呢，你覺得需要靜坐嗎？這不是應不應該的問題，甚至與是你的頭腦或你的小我在提出這個問題無關。比那更深層的是什麼？在那底下的是什麼？你眞正知道些什麼？關於你是否想要知道這件事，你眞的知道些什麼？」

這才是最重要的問題。

我想，老師的一個最重要任務就是幫助學生與他們自己的直覺、他們與生俱來的方向感聯繫上，也就是與我們有時稱爲「內在師父」的東西聯繫上。我注意到，許多人都不曾覺察到內在的師父。有些人處於嚴重的衝突裡，以致他們幾乎不可能去發現它。若是如此，便可能需要外在的老師來爲他指出方向、幫助他們看見：想要找到內在的指引，需要往哪裡去、需要好好檢視些什麼東西。

有太多人放棄了對自己的責任，有太多投入靈性追求的人想要別人來告訴他們該做些什麼。他們想要老師對他們說：「做這個或不要做那個。多做這種靜心或多做那種靜心。」如果我們陷入這種習慣，可能會停留在類似靈性幼兒期的階段。到了某個時間點，我們必須長大，我們必須往自己的內在尋找指引。多數人其實會知道一些事情，只是不想要知道。他們內在深處知道，生命中的一些事情是行得通或行不通的；生命中的某些部分是運作良好或運作不良的。然而有時候，身而爲人，我們不想要知道那些不方便的事，所以我們假裝不知道。

最重要的就是不要再假裝。每一件事都有它該發生的時間與所在，有的時候需要付出努力、保持紀律；而有的時候需要放手，了解自己無法憑自己一人辦到，必須仰賴恩典，了解努力奮鬥與掙扎毫無容身之處。

但是請了解一件事：無論我們走的是什麼樣的途徑，無論是漸進的或直接的途徑、奉獻的途徑或其他途徑，我們靈性生活的軌跡，以及所有靈性覺醒的軌跡，都是朝著臣服的方向前進的。究竟而言，那就是靈性遊戲的名字。我們所做的一切靈性活動，都在引導我們朝向一個方向發展，那就是臣服的自然狀態、那就是放下。那就是所有這一切的前進方向，無論是什麼途徑、無論是哪一種修行。一旦你明白這一點，你會注意到，一路上所踏出的每一個步伐，都是一個臣服的機會。它可能需要努力來達成，可能需要透過努力來讓你抵達一個點，一個你願意放手讓自己落入恩典懷抱的點，但是究竟而言，靈性這一整件事終歸到底就是放下分離自我的幻覺，亦即放下我們自以爲是的世界觀，以及我們認爲它該是的模樣。

我們必須願意去鬆動我們的世界。這份意願就是臣服，這份意願就是放下。我們每一個人都必須自己去發現，這樣的放下對我們代表了什麼意義、我們又必須放下什麼。它是容易或困難的，眞的一點也不重要。放下才是究竟重要的。

11

自然的狀態

人們經常問我，覺醒會帶領我們抵達哪裡。這一切的終點站是哪裡？這個問題很難回答，因爲無論我說什麼，都有可能成爲頭腦的下一個目標。當然，頭腦裡的目標是成爲完全有意識、完全覺醒的巨大障礙。然而，覺醒確實有一個軌跡，有一個從覺醒到所謂開悟的成熟過程。很難說清楚開悟到底是什麼，開悟和覺醒並非眞的有什麼不同，但它是覺醒成熟之後的樣子，好比我們從一個孩子成熟而變成一個成人、變成一個老年人，然後誰知道再來變成什麼。覺醒的成熟經驗與表現方式非常難以表達，但是它卻必須以某種方式獲得表達。至少，身爲老師的我會嘗試去表達它。我會嘗試在表達它的時候好好地失敗。

我們越是深入地進入一己存在的直接經驗、進入那我們之所是的無生無死的，我們越是能開始進入「不二」（非二元對立性）的眞實意義當中。我所謂的「不二」，意思是在超越相對與絕對的狀態下活著。就某種意義而言，我們的經驗甚至將會敞開至超越合一之感知、甚至超越「一」之經驗的狀態。我們會了悟我們的核心本質是某種近似於純粹潛能的東西。我們領悟到自己是純粹的潛能，在它成爲任何東西之前，在它成爲「一」之前，在它成爲多、成爲這個或那個之前。

覺醒的成熟過程正是深深地回歸一己的本質，回歸我們之所是的單純，而那是先於並且超越「是」（being）與「不是」（nonbeing）的。它是先於並且超越「存在」（existing）與「不存在」（not existing）的。它是那個消失之處，那個我們的頭腦不再執取、迷戀任何層次的經驗之處。我們的頭腦不再執著於任何特定的表達，執取的傾向已經解脫了。

這樣的狀態不是一種神祕狀態。它不是一種廣大無邊或特殊的狀態，它是一種自然而輕鬆的狀態。在人性層次，它被體驗爲深深的自在、深深的自然與深深的單純。

在另一個層次，有一種無可否認的感受是：無論這段旅程如何，都有一種結束的感覺，如同一位老禪師曾說過的，就像成功完成了一件工作，到頭來，你就只是回家了。在一個人靈性生命的某一個時間點，就好像一切都自然而然地放下了。除非這種事實際發生在你身上，否則這非常難以理解。靈性本身都已經被放下，自由也放下了。我們必須免於對自由的需要，必須從對開悟的需要裡覺悟過來。

在某一個時間點，這種事會開始自然地、自發性地發生。我們甚至會失去我所謂的靈性世界，因爲整個靈性的概念本身就是虛構的。它或許在某個時間點是個必要的虛構物，但它卻依然是個虛構物。在某個時間點，一切的虛構物都會消融、消失。那不表示它沒有任何作用了，那純粹是表示，我們已看見一切事物都是透明的。我們已經看見，正如佛陀所說，一切都是短暫的。一切皆轉瞬即逝，一切事物的本質皆是如夢似幻。我們會領悟到，縱使是我們最偉大的了悟、我們最偉大的「啊哈」瞬間，其實也都是那無生的無窮盡之內的一個夢。那彷彿是我們明白了，縱使是自己的偉大覺醒，也只不過是另一個從不曾發生過的夢。但即使如此，仍有一個閃閃生輝的實相存在，有一份閃閃生輝的存有穿透著這一切。

這種簡單與自然的狀態，如同我說過的，是非常難以描述的。描述它有些危險，我說過，因爲這份描述可能又會變成另一個形象、另一個目標。但是，遲早，這個完全自然的存在狀態將會露出曙光。當它開始露出曙光，一個人會彷彿「去到超越之處」。這種狀態曾在一部佛教經典中描述過：「去吧，去吧，去到超越之處，完完全全地去吧！」（譯注：這句話的梵文爲 Gate, gate, para gate, parasam gate，即《心經》中採音譯的「揭諦揭諦，波羅揭諦，波羅僧揭諦。」）我們自身的覺醒將會帶領我們超越一切，它甚至會帶領我們超越覺醒本身，更不用說是各種形式的靈性或宗教，或任何曾幫助意識超越其執念、超越其與形相之認同的東西。

我們或許會認爲，當意識已經遠遠超越至足以脫離做夢狀態之引力作用時，這樣的人應該永遠不會再回來了。你幾乎可以想像那人隱沒在一種超越的朦朧狀態裡，但那並不是最終的結果。每當有全然的放下、有對眞理的全然奉獻，而且是爲了眞理本身而奉獻，我們會發現，我們所放下的那樣東西本身，亦即二元對立的夢、我們所認爲的自己，以及我們信以爲眞的生命，會以新的方式召喚我們。我們會發現，自己以一種簡單、平凡的方式，重新回歸生活。我們必須離開它，只爲了能以新的方式回歸它。如同耶穌所說，我們必須「置身世界之中，但不屬於世界，」它的意思是置身世界之中，卻不被世界所纏縛。我們願意投生爲人，但那是一種有意識的投生，而且是自願的投生。

我們一旦穿越了這個疆域，而那眞的是穿越了一個夢，那麼我們就能實際地棲止於一個形相裡——我們身體的形相，生命本身的形相。意識不會回到認同狀態。覺醒之旅並非只是一個醒來、擺脫自我、領悟到生命如夢這樣的旅程，它也是一個重新進入、可以說是從山的頂峰往下走回來的旅程。只要我們仍停留在覺醒的頂峰，在那絕對的超越之處，那一個我們永遠無生無死、不變的地方，我們的了悟就依然有一種不完全。

令人驚訝的是，當我們重新進入之際，生命變得非常簡單而平凡。我們不再覺得非得有些非比尋常的經驗不可、非得擁有超越的經驗不可。早晨坐在餐桌前喝上一杯茶，已經完美足矣。喝一杯茶，也能體驗爲究竟實相的圓滿表達。那杯茶本身，即是我們所了悟之一切的圓滿表達。沿著走廊漫步，每一個步伐也都是甚深了悟的完滿表達。養育一個家庭、與孩子共處、上班、度假等等，所有這些都是那無可表達之事的眞實表達。

就某種意義而言，開悟就是讓自己消失在平凡裡，或說消失在那不凡的平凡裡。我們開始發現，平凡就是不凡的。那幾乎像是得到一個隱藏的祕密，那祕密就是我們其實一直置身那應許之地、我們一直是置身神的王國裡。從一開始，就只有涅槃，就像佛陀會這麼說的。但是，我們卻一直誤解。透過相信頭腦裡的形象，透過恐懼、遲疑與懷疑所造成的緊縮感，我們誤解了自己置身何處。我們沒有領悟到自己已經在天堂裡，我們沒有領悟到我們就在那片應許之地。我們沒有領悟到，涅槃就在此時此地，正是我們所在之處。

這種見地、這種認知，對因循守舊的頭腦而言是說不通的。因循守舊的頭腦會說：「嗯，這些聽起來都很美好，但依然有人在挨餓、有孩子沒飯吃。到處有虐待、暴力、仇恨、無知與貪婪的存在。」當然，所有這些經驗都存在，這是無可否認的。但是同時，我們會看見，所有這一切的分裂，都是人類做夢頭腦的產物。這不表示我們忽略或逃避這些一情況恰恰相反。我們所看見的，是生命底下潛在的完美。正是在這種看見、經驗並且眞正了知生命潛在之完美的基礎上，我們受到一股完全不同的力量所推動。我們不再被東拉西扯，我們不再覺得自己需要成就些什麼。我們不再覺得我們需要出名、需要被認可或確認或被愛、被恨、被喜歡或不喜歡。那些純粹是做夢頭腦裡的意識狀態。一旦我們調和了所有這些對立面，讓它們在我們的身心系統裡取得和諧，將會有另一種東西推動我們在生命中前進。那是一個無比簡單的東西。那一股力量，那一股推動我們的能量，同時也正是我們一己之存在、一己之自我。

這份能量是不分裂的，它永遠是完全超越的、永遠完全存在於此時、此地、就在當下這一刻。它從不需要一個有別於此的、更好的時刻。當我們見到這一刻的如是樣貌，我們便是見到了某種非凡的東西。我們完全不會覺得需要將這一刻變成任何有別於它如是的樣子，因爲它已經是非凡的了。當我們體認到這一點，便已療癒了我們內在那虛幻的分裂，也已經開始療癒整體人類更大意識之內那虛幻的分裂了。

我們對人類的最偉大貢獻，就是我們的覺醒。它就是離開多數人類所在的意識狀態，去發現我們一己存在的眞理，而那也是一切生命存在的眞理。我們若能這麼做，便是以一個禮物、一個新生嬰兒的身分回來。就某種意義而言，我們重生了。

在基督教傳統裡，有一個故事說的是「基督變容」（transfiguration），它實際上是關於蛻變的故事。它不止是一個了悟，而是一個蛻變：一個擁有不可思議之影響力的新生。有時候，不斷由外在層次努力提供幫助，我們可能會錯過一種認知，亦即我們所能提供的最大幫助，就是自身的覺醒。這不代表我們會逃避自己在外在層次所能做的一切，例如提供協助、餵飽飢餓的人、關懷貧病等。這不代表我們會逃避去做任何一件這些事，或它們是沒有用的。但是，究竟而言，我們了解到的是，我們最大的貢獻就是療癒我們內在那虛幻的分裂。那是我們所能給予全人類的最究竟禮物，那就是那個能夠改變人類的事。人類並不會因爲我們想出另一種不同的政府組織而有所改變，它不會因爲某種強加於外的東西、某種高貴的概念或恢弘的系統而改變。眞正的蛻變永遠來自內在，它來自覺醒。我們會看見，外在世界只不過是內在世界的一種表達。顯化於外的，只不過是那未顯化的表達。

如果作爲一個文化、一個種族的我們，繼續沉浸在意識的分裂狀態裡，無論我們的外在如何改變，都將顯化出分裂。但是，每一個來到自然、簡單、無分裂狀態的人，都能對眾生做出貢獻，而且是在不必努力、不必居功，甚至自己都不知道的情況下如此。當你自身的意識變得不分裂，你變成了合一所顯化的一部分。你會知道，開悟是無比美妙而深奧的，但同時也是非常簡單的。

開悟的一個絕佳的定義就只是一己存在的自然狀態。我們一直受到催眠，認爲分裂、恐懼與衝突的觀點才是人類的自然狀態。但是當我們變得更有意識的時候，我們會看見，這種分裂狀態並不自然。如同我之前說過的，維繫分裂的幻覺必須耗費大量能量，因爲它不是一種自然狀態。這個事實應該很明顯，因爲分裂感覺起來很不自然。它可能感覺起來很普遍，可能感覺像是件常見的事，你到處都能看到它，但是當你在內在感受到那一份同樣的衝突，你就會了解到，它感覺不自然。它令你感覺分裂、感覺衝突。

因此，大多數人類所處的意識狀態都是不自然的，它是改變過的。我們不需要去尋找什麼改變過的特殊意識狀態（altered state），人類已經處於一種叫做分離的特殊意識狀態了。分離，就是意識最大的特殊狀態。

有別於普遍誤解的是，開悟與特殊的意識狀態一點關係也沒有，它只是純粹的意識，如它實際所是的樣子，在它變成什麼之前、在它以任何方式被改變之前的樣子。

天國就是一己存在的自然狀態。涅槃不是我們抓取的目標，不是我們努力獲得或強加在自己身上的東西。涅槃只有在了悟到那完全自然與自發之存在方式時才會被發現。它唯有在我們有意識地存在時，透過了悟我們是誰、我們是什麼而被體驗到。

這就是覺醒的許諾。它不僅是一個給自己的個人許諾，更是一個給意識本身的許諾，也因此，是給一切生命的許諾。這份許諾是不分裂，是合一，是一個能由此而誕生的世界。我們沒有人認識那個世界，那個全人類都進入不分裂之意識狀態時所生的世界。我們可能會想像這樣一個世界，但事實上，我們都必須承認，那樣的世界是個未知。我們還不可能創造出關於那個世界的任何形象。無論是什麼時候，唯有當它眞的開花結果時，我們才能發現那樣的世界是何模樣。然而，覺醒這種簡單而自然的狀態，這種允許我們自己眞正消融進入絕對單純的動作，並不會被視爲了不起的大事。它就只是自然的，既不比任何事或任何人好，也不比它們高超。它單純地就只是生命存在的自然狀態。它是完全平等的，它是每一個人共同繼承的東西。

12

結婚的故事

我想要以一個故事作爲結束。生命中，總有某些時刻，似乎能將我們所了悟的東西具體化。對我而言，就有一個這樣的時刻，彷彿整個靈性旅程都爲我濃縮、封存在這一個特定經驗裡了。它發生在一場婚禮上。那是一場很盛大的婚禮，在一座體育館內舉行。婚禮已經開始了，每個人都已就座準備用餐。我們一起吃飯、談天，度過了一段美好的時光。當時的氣氛眞的十分美好而溫暖。

我的吃飯速度一向很快，這我自己知道，因此，一如往常，我很快地拿了盤子回到自助餐的取餐區，去裝盛第二盤食物。我將盤子裝滿各種美味的食物，轉過身，然後向外看著這座滿是人群的體育館。我一向覺得婚禮現場就如同反映人性的精彩縮影。我看見新郎跟新娘，他們一直都很開心。我看見孩童東奔西跑，也玩得很開心。我看見父母們有點焦急地想要控制孩子。我看見年紀很大的人。我看見了整個人類處境的縮影。

那一刻，我突然察覺到，我永遠不可能再以多數人看待生命的方式來看待生命了。就好像在那一刻，我感覺到我內在有某種東西已經完全脫離了人類的處境。從因循守舊的觀點來看待事物——已經結束了，它已經來到了終點。而這樣的了知，也伴隨著一股突然來襲的懷舊之情。有一部分的我在說著：「並不是全是受苦啊，並不是全是壞的啊！也有美好的時光。我現在所在的這場婚禮，裡面就有這些很棒的人，進行著各式各樣的互動。」但是在那一刻，我看見多數人看待世界的方式，已經不再是我看待世界的方式了。而且我知道，從此我再也不會那樣看待世界了。無論當時發生了什麼，都已經沒有回頭路。

即使我想要回頭，用舊有的方式看待世界，我也辦不到。不知爲什麼，我已經跨越一座橋，就在跨越這座橋的時候，它已經被燃燒殆盡了。當時只有短暫片刻的遲疑、短暫片刻的懷舊，我讓自己閉上眼睛，盡情地感受它。而當我睜開眼睛之際，那份懷舊之情已蕩然無存。

突然之間，我佇立在那裡，手上拿著餐盤，置身在一場婚禮之中，我領悟到，即使我不再以周遭多數人看待世界的方式來看待世界，但這就是了。這就是人生，它絕對是美妙的、美麗非凡的。我接下來要做的唯一一件事，就是走回這個世界。因此，我拿著盤食物，走回剛剛自己所注視的畫面裡，然後我做著其他每一個人在做的事，我開始跟身邊的人東聊聊、西聊聊。在那一剎那，我明白了這件事的意義：何謂跳脫由分離觀點看待事物的人類處境，同時又重新一頭栽入滾滾紅塵、看見生命如是的樣貌，看見它是最深實相之最不思議的示現。

從那一刻起，如是的生命，完全如其所是的樣貌總是顯得彷彿奇蹟一般、有一些不可思議。即使它是瘋狂的、即使人類對彼此所做的事確實非常瘋狂，但是，一直以來，卻也有一種它是唯一所在之處的感覺。只要我們睜開眼睛，眞正地看看它，它其實就是那片應許之地，一如它所是的模樣。

13
與阿迪亞香提的訪談

《覺醒之後》一書收錄的教導，是二〇〇七年八月於加州聖荷西（San Jose）舉辦的三天課程裡所錄音的內容。阿迪亞進行了這一系列的談話之後，真實之音（Sounds True）出版社的譚美·賽門（Tami Simon）與他進行了一次訪談，針對這些教導提出了一些問題。訪談內容如下：

譚美·賽門（以下簡稱譚美）：讓我們回到你對覺醒的譬喻，一艘火箭成功發射、脫離地球的譬喻。人們怎麼知道他們一己存在的火箭是否眞的發射成功了呢？可以想像，有些人會在這件事情上被欺騙。他們可能讀過很多關於靈性覺醒的書，因此就先在頭腦裡想像覺醒已經發生，其實他還只是在地面上猛催引擎而已。如何確實知道我們已經發射成功了呢？

阿迪亞香提（以下簡稱阿迪亞）：這個問題不太好回答。我所能給的答案就是再重新說明一次覺醒的本質是什麼。

覺醒的瞬間非常類似於你半夜從夢中醒來的情況。你會覺得自己從一個世界醒來，轉換至另一個世界；從一個環境裡醒來，轉換至另一個迥然不同的環境。在感覺層次，那就是覺醒的感覺。那整個你信以爲眞的分離自我、甚至你自以爲客觀存在的世界與他人，霎時之間似乎再也不如你過去認爲的那般眞實。

我要說的不是它是一個夢或不是一個夢，我的意思是，它幾乎就像是一場夢。覺醒的瞬間，那個經驗就是人生是一場夢，那個夢發生在眞正的你之所是之內，在一個廣闊無垠的空間之內。覺醒並非體驗到無限的空間或感到無限寬廣，或無限擴張、充滿狂喜等之類的感覺。這些感覺可能會是覺醒的副產品，但不是覺醒本身。覺醒與其副產品十分不同，它是觀點的改變。我們執以爲眞的一切，將被視爲毫無眞實性可言，比較像是發生在一個無限廣闊之空性內的夢。眞正眞實的卻是那個無限開闊的空性。與此同理的現象是：你晚上做夢時，你的夢並沒有眞實性，是你的頭腦在夢著你的夢，所以事實上，頭腦才具有眞實性，相對而言可以這麼說。

譚美：你描述自己的生命故事時，曾說你一己存在的火箭在某個特定的時刻與日期，也就是你二十五歲的時候成功發射了。依你認爲，是否可能對一些人來說，他們的火箭發射會持續幾年的時間，也就是沒有一個發生的特定時刻，比較像是他們的火箭以一種逐漸領悟的方式，在最終也成功脫離地表？

阿迪亞：我也見過那樣的例子。我見過一些人，他們的覺醒好像是在他們回顧過去時才發現似的，好像它是悄悄溜到他們身上的。覺醒的過渡現象可能並不是顯而易見的、特別的一些時刻。彷彿它們悄悄從夢中溜走，或悄悄溜進我們的世界，然後到了某個時間點，有一個突然的認知生起：「喔，這是什麼時候發生的？」他們無法明確指出改變發生的那一刻，但是他們知道，在某個時間點，有一種真實的、完全的改變發生了。因此，它也可能悄悄溜到你身上，它的確可能以這種方式發生。

譚美：我不是要扼殺這種譬喻，但可不可能，那艘火箭需要某些特定的燃料，如果是這樣，它需要哪一些燃料呢？

阿迪亞：我也希望自己可以說出是哪些燃料。我不知道是否可能說出那些燃料是什麼，因爲那不只是一些個人的東西。覺醒不是只發生在那些眞的想要它的人身上。覺醒不是只發生在那些眞誠地尋找它的人身上。它會突然毫無來由地發生在一些人身上。我就曾見過一些覺醒的人，他們根本從來不曾走在靈性之路上。事實上，我見過一些否定靈性的人，但是突然之間，莫名其妙地，覺醒就找上他們了。我們不能說這些人衷心於此，也不能說他們一直在追尋靈性了悟，甚或不能說他們有什麼靈性渴望。當然，大多數出現覺醒經驗的人，都對覺醒到更深實相擁有一些熱情、一些渴望。那是眞的，但問題是，每當我們說「這個」是必要的、「那個」是必要的，就總會出現一些相反的例子。覺醒是個奧祕，沒有直接的因果關係，眞的。如果有會很好，但是眞的沒有什麼直接對應的因與果。

譚美：你描述火箭的時候，利用這個譬喻來談論非持續性覺醒相對於持續性覺醒的狀態，指出持續性覺醒代表你永遠處於做夢狀態的引力場之外、處於你構成一個分離自我的種種習性之外。你是否處於那個引力場之外呢？

阿迪亞：對於回答這種問題，我一向有些遲疑，但我會試著回答。我不覺得自己可以說：

「是的，我已經置身那個引力場之外。」事情並非眞的如此。這就是那個譬喻失敗的地方。所有這些譬喻、這些解釋的方式，就只是譬喻罷了，它們的確有一些受限的地方。

我會說，我的經驗是，我不再相信我腦袋出現的下一個念頭。我不再能夠眞的相信一個出現的思想。對於會出現什麼樣的思想念頭，我沒有控制權，但我無法去相信那個思想是眞實的，或重要的。而由於沒有任何思想能被執以爲眞、信以爲實，這便具有經驗上的影響力，這就是自由的經驗。

如果有人想要稱它爲「超越做夢狀態的引力範圍」，那沒問題，但我對宣稱些什麼總是有所遲疑。我總是提醒我的聽眾：我所知的一切就是現在。我不知道任何關於明天的事。明天，可能會有一個念頭來襲，然後捉住了我、粘上了我，將我拖進分離與幻覺當中。我不知道，或許會，也或許不會。我無從得知。我知道的只有現在。

那就是我爲何不願意說「喔，是的。我已經跨越了特定目標或終點線，」因爲我不是這麼看這件事的。當我在教學的時候，它聽起來是那樣，但那是因爲語言的限制。我眞正知道的就是我不知道。我眞正知道的就是沒有任何保證。我不知道明天會發生什麼事，或下一刹那會發生什麼事，我不知道是否會在下一刻陷入幻覺。我確切知道的是，我永遠不可能會知道。

譚美：ＯＫ，我接受你說一個魔鬼戱念頭可能會出現，而你不知道事情會如何發展的說法，但是往前回顧的時候，你上一次出現魔鬼戱念頭是什麼時候？

阿迪亞：說得更清楚些，我的意思不是我無法出現一個魔鬼戱念頭，或我沒有經驗到魔鬼戱念頭。一個念頭的出現可能會在一瞬間引起人們執著地緊抓，可能會造成某種分離的短暫經驗。我不是在說它不可能發生，或它不會發生。我所說的是，當它眞的發生，它的發生與識破它之間的間隔非常地小。我不知道是否有這樣一種狀態，其中粘噠噠的思想念頭或緊抓不放的時刻永遠不會生起。對我而言，似乎擁有人類的身體與頭腦就是偶爾去經歷那樣的經驗。差別在於，到了某個時間點，粘噠噠的思想之生起與消失之間，間隔變得如此微小，以致於生起與消失幾乎是同時發生的。

因此，我不會說，我處於一個魔鬼戱念頭永遠不會出現的境地。只是，那個間隔變得如此微小，到了某個程度的時候，你幾乎看不出有任何間隔。我想，有些人認爲開悟就是達到一個沒有任何不舒服的事會發生的境界、一個沒有任何虛幻思想會經過你的意識的境界，這些關於開悟的念頭是虛幻不實的，事情就不是像那樣運作的。

此外，這其實不重要。當那個間隔微小到能夠非常迅速被識破，它瞬間也成了自由的一部分了。我們會領悟到，有念頭並沒有關係，因爲我們不會陷入其中太久。那著實是自由的一部分。我想，其餘的都是以不實的開悟樣貌在販售開悟。我了解，人們可能會聽到我說的話，然後從中創造出一個持續性了悟是什麼模樣的形象，但那不是我想要描繪的樣子。它其實比較像是：造成分裂的念頭與相信該念頭兩者之間的間隔變得幾乎不存在了。

譚美：我很好奇，什麼樣的處境對你而言是麻煩的、困難的。在我們的談話裡，你和我分享說你會在例如網路連線或印表機失靈的時候，對電腦感到挫折。在那些時刻你會做些什麼呢？你會做一些事塡補那些間隔嗎？或它會自動發生？

阿迪亞：嗯，通常有挫折存在，而且它會被體驗得到。我體驗到它，但對它沒有任何評斷的念頭，那才是眞正的關鍵所在。我的意思不是對它不予理會或不加注意，而是沒有任何評斷的念頭。一般而言，它來臨，被體驗到，然後沒有任何評斷的念頭出現，然後它就會過去。它不會被視爲什麼大不了的事。

不會有第二個思想模式說：「喔，我不應該感到挫折，」或說「我爲什麼還會感到挫折呢？」或無論是說了其他的什麼。會有念頭，因爲是念頭製造出挫折，但它們被視爲是不眞實的。而看見它們的不眞實讓挫折消散了。

過去，這個過程需要花比較久的時間，這樣的探詢會更強烈而持久，而且我會眞的去檢視它。但如同我說過的，現在那個間隔已經縮小了，所以它幾乎是自動發生的。就某種意義而言，這就像是一個音樂家，你不斷做音階練習、不斷做音階練習……然後到了某個時間點，它會深深地內化，你幾乎不必借助任何有意識的意圖就能發生。探詢這件事對我而言就是如此。到了某個時間點，它自己就發生了，幾乎不需要刻意如此。

譚美：你經常談到，思想與感覺就像一塊銅板的兩面。是否可能出現與任何思想無關的感覺？例如當你感到深深敬畏的時刻，或爲美麗而發出讚歎時，自然而然感動落淚的時刻？在這樣的時刻，可不可能你眞的沒有在想任何事情，而是在感覺層次上，有某種東西湧上心頭？或者你相信，我們可能在一個非常精微的潛意識層次想著什麼？

阿迪亞：會有我稱之爲純粹感覺或純粹情緒的東西存在，正如任何體驗過非凡之美或心生敬畏的人會曉得的。是有純粹的感官覺受，一種不是由思想所製造的感覺出現，這會發生。但是我會說，大多數人體驗到的大部分情緒，都是思考過程的複製品，是思想轉變爲情緒。

但是的確有繞過了思考過程的純粹情緒或感覺。它們是我們的感覺工具、我們稱爲身體的這一副美妙的感覺工具與環境互動的方式，那是一種純粹的互動，不是虛擬的互動。

譚美：所有的思考都是虛擬的嗎？

阿迪亞：所有的思考都是虛擬的，當然。

譚美：如果有些感覺不是從思考而來，那麼或許也會有些不是由思考而來的本能經驗（gut experiences）？

阿迪亞：腹部的本能只是我們感知這個世界的另一種方式。你會聽見人們這麼說：「我有個直覺。」（I have a gut feeling）以腹部的本能來感知是一種直覺能力，那是一種直覺的了知方式。我們透過身體的腹部去感覺事物：我們的腹部是一個直覺性的感覺器官。當然，我們也可以感覺到頭腦所複製出來的東西，例如恐懼的思想、憤怒的思想、衝突的思想、緊縮的思想等，但是腹部仍然會以純感覺器官的角色回應當下所發生的事。

當思想不再束縛眞正的我們，人們就會出現這些直覺性的經驗。例如，你走到一座懸崖邊，往下看，你看見了一片寬闊無比的空間。當你往下看的時候，可能會感到恐懼，但是如果你夠敏感，你也可能會注意到另一種反應，也就是你的意識可能眞的塡滿了那個空間。當我們看著廣大的空間時，我們通常會吸氣對吧，在那個吸氣的過程中，我們正在感覺自己的意識對那個環境敞開。我們將空氣吸入肺部、吸入心的中央、吸入身體的腹部。我們的整個存在、整個身體，與環境和諧一致。這種心的敞開，也就是當意識擴張時肺部發出「啊」一聲的時候，並不是因爲我們在思考才發生。這會發生是因爲意識在與環境互動。這就是我所謂的純覺受或純感覺。沒錯，它也會透過本能覺受發生，它是十分強而有力的，而且非常、非常美妙。

它其實是一種親密的體驗。那是我們的一己存在以一種絕妙的親密方式在體驗它自己。我的意思不是對它做些什麼評論是錯的，但是我們一對它說些什麼，好比我們轉頭對朋友說些什麼，有些東西就變了。對多數人而言，那樣的體驗只發生在一瞬間，然後他們便會轉頭對身旁的人說：「好美啊，不是嗎？」這麼說並沒有錯，有時候我也會對別人這麼說。但是在那一刻，如果你很敏感，你會注意到你的整個內在環境開始起變化了，你會開始體驗到自己剛才所說的。然後，你就轉向了一種虛擬的體驗。那和滿心敬畏的時刻有一點點不一樣，在敬畏的時刻，整個身體都參與了感知過程。

譚美：先不說一個人在大自然裡體驗到深深的敬畏與驚奇時出現的純感覺，當我們遇到像憤怒這樣的情緒時，是否可能出現純感覺？你認爲是否可能擁有一種感覺，比如說憤怒，但不是來自複製的思想？

阿迪亞：當然，當然可能。認爲開悟就是無時無刻臉上都掛著一抹幸福的傻笑這樣的概念，完全是個幻覺。我會這麼反駁這件事：想像我們置身一座現代的教堂，有人從後門走進來，突然像耶穌那樣大發雷霆，踢翻了兌幣員的桌子，拉高嗓門破口大罵：「你膽敢玷污我父親的殿堂！」我的意思是，耶穌那是神聖的發怒，對不對？他感到惱怒，他不會假裝。他眞的感到惱怒，而他在表達他的惱怒。

因此，一個人是否可能從一個不分裂的狀態感到惱怒？當然可能。每一種情緒都是對我們開放的。覺醒，並不表示對我們開放的情緒就變少了。情緒只是整體存在透過我們來運作的一種方式。憤怒有分裂的形式，也有不分裂的形式。

譚美：嗯，那麼，我要如何區分我內在感覺到的是憤怒的分裂形式還是不分裂形式？

阿迪亞：看你的內在是否覺得分裂。

譚美：如果我全部的整個人都感到憤怒，那麼它就是不分裂的嗎？

阿迪亞：我想我們都有過整個人完完全全憤怒的經驗，但那感覺起來仍是分裂的、衝突的。有一種憤怒是……我該怎麼形容呢？是一件好事。舉例來說，西藏傳統就有一些關於憤怒神祇的描繪，祂們的頭髮和眼睛都噴出熊熊燃燒的劍和火焰，看起來怒氣沖天，非常兇惡、恐怖，但在那些描繪裡，有些東西和你在經歷一般的、普通的、充滿衝突的憤怒時的情況不一樣。那是難以形容的一件事，但如果你看看這些描繪，其中顯現出來的是一種不一樣的憤怒。那不是一種以負面方式造成撕裂的憤怒，而是以一種正面方式來撕裂的憤怒。我的表達方式或許不是非常好，但我想試著傳達的是，即使是憤怒的經驗都能來自一個純淨的地方。

譚美：我對探索這個主題特別感興趣，因爲我這個人以前所體驗到的情緒，只限於非常狹窄的範圍。隨著我日益成長，我現在能夠擁有範圍非常寬廣的情緒體驗，這在許多方面眞的十分有趣、豐富，而且多彩多姿。當我聽見你在教導中說，多數的情緒經驗都是思想的複製品時，我想要確實了解哪些情緒經驗是根據概念而來的、哪些是純粹的。我要如何分辨其中的差別呢？

阿迪亞：請別誤會我的意思。我的意思不是虛擬的情緒是不該發生的東西或在某方面是錯誤的、次要的。例如，我可以想著我的妻子穆克蒂，在腦海中勾勒她的畫面，然後我會感覺到一股奇妙而美好的愛泉湧而至。我知道那樣的情緒經驗是虛擬的，我知道我在頭腦裡編造了它，我知道我其實是在思想上編造了它，而那並不會讓它變成錯的。然而，如果我將那樣的愛的情緒經驗與眞實的愛視爲相等，那麼我就是活在幻覺裡，或許它是一個天堂般的幻覺，但仍是一個幻覺。

我可以在頭腦裡製造出那樣的畫面，有時候我會這麼做，她的畫面與關於她的思想念頭會掠過我的頭腦，然後我的心就會洋溢著美好的感覺。因此，第一件事就是要了解，不能因爲一種情緒經驗源自於頭腦，就認爲它是壞的，或是不應該去經驗的東西。

如果我們仔細觀察，會看見人類所經歷的多數情緒，都是源自於我們在那一刻告訴自己的話，而那並不會讓那份情緒變得不好，或變成錯的，那只是一個事實。即使我們只是看著一個東西，然後對它做了些評論，也能出現正面的情緒反應。但是如果我們探查我們的經驗，便經常會體認到，我們所體驗的其實是一個告訴我們「那很美」或「那很醜」的思想。

如何分辨一個情緒是純感覺或是源於思想呢？你必須看看那份情緒是否伴隨著一個故事、是否有個畫面。如果它的確伴隨著畫面或一個故事，那麼你就知道了：「喔，沒錯，那是創造出來的東西，我實際上體驗到的是頭腦裡的思想。」這是可以的，這麼做沒問題。重點是，當我們從中獲取眞實感時，就可能受到幻覺的欺騙。

譚美：那麼，頭腦層次的純粹感知又是什麼樣的情況？是否有任何「覺醒的頭腦」這樣的經驗，其中頭腦的功能不只是概念與抽象事物的編織者，同時也是一個純粹的感覺器官？

阿迪亞：在頭腦層次，有一種無窮無盡，或佛教徒稱爲空性的純粹感知。。那是一種無邊無際、無窮無盡的浩瀚無垠。它並不是在思想方面透過頭腦被感知到的，但是我們可以說那個身體部分，頭腦區域，確實是我們接收那份無邊無際之浩瀚的那片空間，存在的純粹光明、存在那耀眼光芒的地方。那會在頭腦層次被看見，而不是思想層次。以這種方式感知，與單單是思考不同，那是頭腦作爲一種感覺工具，感知到了無限。

譚美：你提到，所有的靈性道路最終都會帶領我們來到全然臣服的狀態。但是，如果我們不想要臣服的那一部分隱藏起來了、埋藏在我們心裡很深的地方呢？在表面意識上，我們可能會交出一切，但是潛意識有一部分的我們可能依然在抓取些什麼。我們要如何讓那些隱藏的東西浮現？我可以想像自己聆聽你對臣服與思想的教導時的樣子，很好，我基本上都了解。我知道徹底臣服的意思，我知道讓自己俯首貼耳、跪地稱臣的意思。但是我內在不想臣服的那一部分該怎麼辦？它們對我是很隱晦的。

阿迪亞：可能你什麼事也不能做。這是人們最想要逃避的東西，不是嗎？給我一些東西，給我一些教法，給我一些希望。當然，我們內在擁有一些完全無意識的執著，那是我們無從接觸到的執著模式。或許你根本無從接觸到它，就這樣。結束了，它就是這樣。

你會在注定能接觸到它的那一刻接觸到它。我們可能不喜歡這樣。人們可能不喜歡聽到這樣的話，但是讓我們看看我們的生活，而不是哲學，或某某教導，或我們選擇告訴自己的事，好嗎？

至少在我的生命裡，我可以確實地看見，在過去的一些時刻，我還缺乏一些能力，它們就是不在那裡。我不知道自己可以做些什麼來讓那些能力出現。在那些時間點，我就是沒有聽到任何人告訴我該如何擁有那些能力。

多年來，我的老師告訴過我一些事情數百次之多，而我卻在十年之後才這麼想：「喔……現在我懂了。現在我了解了，現在它已經滲透到我心中。」我在十年前怎麼能強迫這件事發生呢？我能強迫它嗎？看來不像是可以。

這或許不是你在尋求的那種充滿加持力量的靈性教導，但萬物皆有時、萬物皆有其歸處。小我無法控制一切的發生，是生命在控制一切。若堅持有某件事能立即加持我們、能潛入我們內在，看見一切爲了覺醒所必須看見的事，那麼這就與人們的經驗相違背了。

每一件事的發生都有它的時間，我們沒有主控權。但是，這不是我們想要聽到的，不是嗎？這不是我們頭腦想要的東西。我們多半想要聽見的，是能夠增強我們控制感的東西，我們對任何無法增加我們控制感的東西皆一味推開。

我總是對人們這麼說，當你開始接受自己所見的是眞的，不是接受我所說的，而是你自己的經驗，那就是一切開始改變的時刻。

有許多次，學生過來對我說：「我對這實在什麼都不能做，我欺騙機制的這一部分，我性格的這一部分。」他們會問：「我該怎麼做？我到底該怎麼做？」而我經常會說：「那麼，讓我們回到前面。你剛才告訴我，你什麼都不能做。眞的是這樣嗎？到目前爲止，有任何事管用嗎？」「沒有，什麼都不管用。」然後我會問：「你可以找到什麼事來做嗎？你可以看見有什麼事可做嗎？」有時候他們會告訴我：「老實說，沒有，我沒看見有什麼事可做。」然後我會說：「如果你眞的將告訴自己無事可做的那份經驗充分吸收，會怎麼樣呢？如果你眞的接受它，而不是將它推開呢？」

經常，當他們眞的接受它，不是在觀念上這麼做、不是將它視爲能夠不予理睬的教導，而是眞的允許它進入身體，那麼這份不帶任何抗拒而活著的領悟，將會開始改變一切。有時候，我們想要推開的經驗，包含著我們最需要的、最有蛻變力量的洞見。我們會懷疑，看見眞的沒有什麼我們能做的事，這眞的會有蛻變力量嗎？我們不是這樣被教育的。我們被教育的是要不惜代價避開那樣的認知。即使那是你經驗的一部分，一年又一年過去，十年又十年過去，即使你一再經驗到同樣一件事，你立即的衝動反應仍是避開它、不接受它、推開它。你懂我的意思嗎？

我們都是上癮的人，眞的，我們都是想要亢奮、想要自由的上癮的人。那是同樣的動力模式，就像一個領悟到「沒有什麼我能做的」的酗酒的人，會逐漸走在清醒的路上。只要坐在那裡的那個人仍在說：「我可以做這個。我有控制權。我可以找到超越這個的出路。」就不會有蛻變發生。要在谷底反彈，不過是要走出否認。沒有什麼我能做的事，看看我身在何處。我們不需要知道那麼多該怎麼做的事，我們需要的是放在面前的一面鏡子，讓我們看看我們所看見的是什麼。當那個酗酒的人看見了、當有毒癮的人看見了他們的一籌莫展，看見他們完全無力阻止自己的癮頭，唯有那個時候，他們才能開始將自己看得更清楚。

會有一種非由精心策劃而來的蛻變發生，它不是經由練習而來，它不是技巧取向的。對我而言，靈性是一種願意徹底失敗的意願。所以，儘管我的學生經常會崇拜我，認爲我已經了悟了某些美妙的事，我總是告訴他們：我的途徑是一種失敗的途徑。我所試過的一切都失敗了，但這不表示嘗試本身沒有扮演一個重要的角色。嘗試本身，確實扮演了一個重要的角色。努力，扮演了一個重要的角色，掙扎，也扮演了一個重要的角色。

但是它之所以扮演了重要的角色，是因爲它帶領我走向該角色的終點。我跳著那支舞，直到這支舞消失爲止。但是，我失敗了。我失敗了，我沒有靜坐得很好，我失敗了，我沒有了解眞理是什麼。然而就是在失敗的那一刻，一切豁然開啓了。

我們都知道的，不是嗎？這不是什麼神聖訊息。幾乎每個人都知道這件事，我們都曾在生活中體驗過這件事，我們也親眼目睹過這樣的時刻。但是，這卻不是我們眞的想要知道的事，因爲這實在不方便。

譚美：你建議我們問問自己：「有什麼是我確切知道的？」我想問你同樣的問題。有什麼事是你確切知道的嗎？

阿迪亞：只有「我是」（I am）這件事，就只有這樣。唯一一件事。所以在許多意義上，我是這星球上最蠢的人，眞的。其他的事對我而言，都處於一種流動的、不確定的狀態。對於其他的每一件事，我們只是在夢想著自己知道。我不知道什麼應該發生，我不知道我們是在進化還是退化，這些我全不知道。

不過，我知道我不知道。而可能不如你所想的是，這樣的認知並未削減我的力量。我沒有去坐在喜馬拉雅山的山洞裡，或者就光坐在沙發上，說：「好吧，我沒什麼事好做的，因爲我什麼都不知道。」

相反地，生命要透過我扮演一個角色，所以我扮演了那個角色。我和生命透過我所扮演的角色合而為一。那個角色總是不停變化，片刻不停歇，但那就是我與之合一的東西。我已經不再與生命爭辯了，它可以透過我扮演它的角色，而現在它也可以在我完全同意、沒有反對的情況下扮演它的角色。

似乎，當我們深深地同意時，生命透過我們所扮演的角色會非常令人心滿意足的，那真的會是我們一直想望的一切，即使它看起來不像是我們一直以來所想的。

譚美：我很喜歡你說人們在初次的覺醒經驗之後可能會陷入「死胡同」的教導。我很好奇，你是否願意針對我經常看見的「死胡同」現象做一些評論，也就是當人們在初次的覺醒經驗之後，決定要肩負一些特殊使命來拯救世界這種現象。你是否會將這種行為視為一種「死胡同」？一種小我為了膨脹自我而宣稱其覺醒經驗的方式？

阿迪亞：讓我就自身經驗談談這件事吧。覺醒不會讓我產生那種感覺。我不覺得我必須跑到外面拯救世界，當我的老師要我開始教學、開始分享這份了悟的可能性時，我內在生起的是一種可能性的感覺。我看見了覺醒對每一個人都是可能的。因此，對它會出現一種充滿使命感的熱忱，而這可能相當誘人、令人覺得自己力量強大。當這樣的靈感是源自一個眞實的地方時，會有其美妙之處。

我對它感到精力充沛，特別是在我開始教學的頭幾年。我發現它可能是覺醒裡不可或缺的一部分，因爲一個人會察覺到，所有這一切的痛苦都是不必要的，一個人眞的可以從中醒過來，而一種使命感很可能會油然而生。

我擁有那樣的感覺，並且懷抱著充滿使命感的熱忱幾年之後，我注意到，它開始減弱了。一開始，我就像剛搬進新屋子的小狗，一直在你大腿上跳來跳去，想要引起你的注意、想要你做些什麼事。剛開始教學的那幾年，我會因爲什麼有效、什麼能幫助人們而感到自己充滿力量，而且想要將它與人們分享。但是經過兩、三年之後，那股能量逐漸消退了，我開始覺得自己更像一隻老狗，蜷伏在主人那張舒適的椅子旁，躺在那裡靜靜看著世界的變化。

在我生命的這個時間點，充滿使命感的熱忱可說已經消失了。我不再感到有任何事是一定要發生的。我在每一個人身上看見了潛能，但我不感到著急。

我將它視爲一個成熟的過程，那是我們許多人都會經歷的階段。我想，關鍵在於：我們是否經歷了它？我們是否繼續往前走？或者，在某一刻，那樣充滿使命感的熱忱反而爲小我的重塑提供了一個平台？如果這種事開始發生，如果小我利用覺醒作爲一個全新的、改良後的宣教平台，這將導致各式各樣的扭曲。

舉例來說，我們可能會開始把自己當成全人類的救世主，或認爲自己的教導是有史以來最棒的。就我所見，如果事情如此發展，我們就會開始受到幻覺的欺騙。經常，如果這種事發生，就是有人的小我緊緊抓住了某些出現在自己身上的強大經驗。如果有些蟄伏的能量存在，而那股能量開始流向小我，便可能造成一些最深層次的幻覺。

我們有時會在一些災難性的邪教式崇拜行爲看見這種現象。若有大量能量流入小我並欺騙了它，就可能發生這種事。在你還來不及察覺的時候，你已經認爲自己是全人類的救世主了。

然而眞相是，沒有一個人是救世主。曾經出現在地球上的最偉大的神性化身（如果這樣的具身曾經存在的話），就像無邊沙灘上的一粒沙子或一顆稻子。身爲人類，我們都只是在扮演自己的一個小小角色。我們只是整體，是「一」本身的表達。如果我們認爲自己在扮演比自己所是更大的角色，如果我們認爲自己不是一個無限大拼圖的一小塊，那麼，在我看來，我們已經開始自我膨脹、開始欺騙自己了。

譚美：對於我們該如何點醒人們，說他們的小我正在利用了悟作爲擴大個人領土的形式，你有何建議？我經常遇見這種情況，卻苦無任何有效方式爲他們點明這件事。

阿迪亞：傳統上，有一些靈性傳統會利用一些守護神來防止小我不當利用了悟，但是如果我們回顧靈性歷史，會發現守護神的效用似乎沒那麼大。經常，產生深刻了悟的人都是某個大社群的一份子，即使是老師，也是一個老師社群的一份子。這麼做的好處是，人們可以彼此監督。

事實上，它從未發揮它應有的功能。老師可以監督他們的學生，但是一旦有人跳脫了那樣的角色，就沒有所謂彼此監督這種事了。我的意思是，我們幾乎可以在任何的靈性傳統裡看見這樣的情況。是有些自我膨脹或走上一些奇怪岔路的人，我不認爲試圖影響他們，甚至去改變他們，是完全恰當的，特別是當我們看見有人眞的是半吊子的時候。因爲他們多半是不會聽的！

我也希望我能爲你描述的情況提供一個很好的解決之道，可惜沒辦法。我曾說過，身爲老師，當我發現學生因爲自己的了悟而自我膨脹時，要讓他們脫離那樣的處境是一件最困難的事。我想，那是一個靈性老師所必須處理的一件最困難的事之一。而倘若連靈性老師和學生之間，這種已經建立起不少信任感的關係都有困難，要一般人開口對某人說：「你知道嗎？你可能不像你自己想像的那樣，是最完美純淨的解脫楷模。」更不用說有多麼難了。

我們每個人都有一些業力使然的天性，這不是在爲任何人找藉口。我就是那種從來不會被權力吸引的人，但這不是我自己的選擇。我，是一個靈性老師，一個被人們賦予很大權力的角色，但是在我看來，眞相是除了其他人賦予我的權力之外，我根本不擁有權力，所有的權力都掌握在學生手中。人們若知道這一點會很有幫助。我總是有這種經驗：當人們給予我太多權力或權威時，我會開始覺得自己活在一個超現實的泡沫裡。給予他人權力的人，他們的內在有一種投射，不是嗎？如果有人給予我太多權力，他們會投射說我和他們是很不一樣的，我便發現自己置身一個超現實的環境裡。那就是我爲何盡量避免這種事的原因，因爲它有一種不眞實的感覺。

顯然，其他人比我更容易受到權力的吸引。他們覺得成爲他人的正面投射是很大的誘惑，這會引誘他們。我也說不上爲什麼，我個人對這種事一向感到不太自在。

譚美：在你二十五歲經歷了你所謂的「第一次覺醒」之後，你提過你聽見了一個聲音，說：

「繼續往前走，繼續往前走。」那個聲音是什麼？你會稱它是你的良知嗎？或是內在那寂靜而微小的聲音？

阿迪亞：你可以稱它是其中的任何一種。

譚美：似乎，若我們每個人都有那種內在聲音，那麼那個內在聲音就能防止我們利用了悟作為個人的權力遊戲。你聽見了告訴自己了悟尚未完整的聲音，但是，是否每個人都擁有像那樣的內在聲音呢？

阿迪亞：就某種意義而言，我會說是的。以究竟意義而言，我們都是相同的，因為我們全都能夠接觸相同的能力。然而在相對層次上，問題是：是否每個人都能聽見他們內在的聲音。顯然，不是每個人都能聽見。

這個內在的智慧之聲是什麼？它是我談論真誠時所指出的東西，它是讓我們走在正確軌道、保持和諧的東西。

就某種意義而言，我想幾乎每個人都曾體驗過這種寂靜而微小的聲音。我常常舉的例子就是你和一個男人或女人約會，結局卻很糟糕，你內在有個聲音說：「下次別這樣了。」然後我們遇見了一個新的對象，卻不去聽那個聲音在說什麼了。我們深受吸引，此人非常性感，我們只想要和他在一起。結果，後來我們發現，那個寂靜而微小的聲音是對的。我們不該繼續和那人約會。到最後，一切都崩盤了，那個寂靜而微小的聲音贏了。

因此，那個寂靜而微小的聲音並不神祕，它是一種我認爲多數人偶爾都聽見過的東西，但是我們非常善於對它不理不睬。我們想要那個寂靜而微小的聲音證明自己有理，也就是告訴我們爲什麼。有一個很好的指標能告訴我們那個內在聲音是眞實而誠懇的，那就是它從來不會證明自己有理。如果你問它：「爲什麼？」你得到的只有沉默。如果你要求它解釋，它也不會解釋。那個寂靜而微小的聲音不需要這麼做，它也不會這麼做。

如果你在和小我說話，然後你問：「爲什麼？」它會回答你的問題。如果你問小我：「這表示一切都會沒事嗎？」它會對你提出保證。而那個寂靜微小的聲音對這種事天生就有一種沒把握，它不提供任何保證。那個聲音是一份禮物。我們只能聽從它，或者不聽從它。

爲什麼我聽了，而別人不聽，這我不知道。我說不上來爲什麼，我只是很高興在我的例子裡，那個聲音出現了，而且我能夠聽從它。它很堅持。不過，順道一提，我並沒有總是聽它的話，有許多、許多次，我沒有聽它的話。

譚美：那個聲音是否像一種指引、一道保護，或只是我們頭腦的一部分、眞正的我們的一部分？

阿迪亞：我想這些全都是。它是指引，它是保護，它是整體存在的流動。順便一提，整體存在的智慧之流不一定總是以聲音的方式出現，它不一定都是有聲的。對我而言，在目前這個階段，它極少是有聲的。而在其他時候，它確實是個聲音。如同我說過的，在我的第一次了悟期間，那個聲音說：「這還不是全部，繼續往前走。」那是一次有聲的經驗。

但是現在，這種指引的智慧較常以一道流的形式出現，情況比較像是察覺到生命中的能量流。聲音也是能量流的指標。我想，當我們感受不到自然的生命之流，感受不到向左轉或向右轉的那道流、做這件事或那件事的那道流時，它就必須化爲一個聲音。

許多人都不夠敏感而察覺不到它，因此那道流便以聲音的形態出現。但是對我來說，在現階段，情況比較像是跟隨著自然之流去走。如同道家說的，跟隨著「道」的流動去走。

所以，它有不同的面向。它是一道流，它是一個聲音，它是一個有保護作用的聲音，它是你的顧問。它是你的良知，但不是社會教我們的那種良知，是一種不一樣的良知，因爲社會教育我們的那種良知是我們的「超我」（superego），那樣的良知永遠包含了評斷。這不是那種超我，這是另外一種東西，這源自一個截然不同的存在狀態。

譚美：之前你曾談過，你發現自己不能抓著某位老師、某種途徑或某個傳統的衣角，說你必須找出自己的路，以及這件事的重要性。

阿迪亞：那對我來說眞的極爲、極爲重要。

譚美：你也鼓勵學生去找出自己的路。我覺得很有趣的是，似乎對包括我的許人多來說，同時也都因爲了解你而感到與你有所連結、而感到較不那麼隻身一人，好似我們是單獨的，但同時又是在一起的。你能談談這個現象嗎？

阿迪亞：我二十歲出頭的時候，領悟到自己必須找出自己的路，而非完全依賴一個靈性傳統或一個老師時，我心中出現了一個畫面。畫面裡，我在太空中漫步，身上繫著一條繩子，將我連接到一艘太空艙，然後到了某個時間點，我往下走，切斷了這條繩子。我單獨一人，不依賴任何人或任何事。然而，這不表示我離開了我的老師，也不表示我離開了我的靈性傳統，我並未拒絕任何事情。我只是純粹看見了，究竟而言，責任是在我這邊、在我身上。終究，沒有任何傳統、任何老師、任何教法能將我從我自己拯救出來。我領悟到我不能放棄那樣的權威。

而當然，那一刻，是令人心生恐懼的。我想，我的天哪！萬一我在欺騙自己怎麼辦？那一刻，我知道自己知道的不多，而我仍是決定，一切都必須在我內在獲得證實。

許多人告訴我，他們將自己視爲我的學生，而這和跟隨其他老師學習不一樣，因爲我不是那種與學生擁有私人關係的靈性老師。我來，我教學，我在教學的時候與學生互動，但我沒有自己的僻靜中心，我沒有任何能讓我們以較輕鬆方式相處的場所。就是一刻接著一刻接著一刻接著一刻。

順道一提，這不是唯一一種師生關係。我認爲師生之間的密切關係也扮演了一個重要的角色。事實上，當我的教學規模越來越大，經過了幾年的發展，它從小規模變成大規模的時候，有些人會想念小規模的一切。小規模對一些人來說很適合。我教學，然後結束後我們會一起喝茶或吃早餐，而這對一些人來說很適合。當教學規模擴大了，整件事的結構也必然有所改變的時候，對一些人來說就不再適合、不再管用了。他們必須去尋找更符合他們需求的東西，有更多親密感的東西。

就我的教學風格而言，本質上，人們必須立刻靠自己的力量站起來，但透過靠自己的力量站起來，他們找到了彼此之間的某種親密感。那就是我與人們相會的地方，在那裡，我看見他們是完整的、有能力的、擁有他們自己可能以爲自己沒有的能力。當他們能自己站起，開始發掘他們自己內在的充足時，那就是我們相會之處。我不會與人們的不足、他們認爲自己沒能力的地方相會。他們越是獨自挺立，就越會發現我們彼此以一種親密的方式相會了，那是十分個人、又十分非個人的方式。

當我們願意靠自己站起來時，會有一些前來幫助我們的力量出現，包括可見與不可見、已知與未知的。重要的是不可陷入一種想法，認爲這件事的重點就是變成獨自一人。那種經驗是單獨的片刻、面對自己、不緊抓著老師或傳統或教法的體驗，包括我的教導。突然之間，你被留下和自己在一起，那就是單獨。但是若我們面對它，並且願意待在那裡，奇妙的是，我們會開始發現自己有很多同伴。有許許多多的人都在做同樣的事。教導會被待之以不同的眼光，我們跟隨的老師也會開始被待之以不同的眼光。從那一刻開始，一個更成熟的關係就此展開。

譚美：在你三十二歲發生的所謂「最後的覺醒」時，你曾在另一次訪談提起，說那次經驗包括看見自己的過去世。我了解你不是很想談這方面的事。

阿迪亞：是的，我們很熟所以你知道這一點，但是看來，無論如何你還是決定提出來了，很好啊。

譚美：據說，你也知道的，佛陀坐在菩提樹下，看見他的過去世從眼前閃現而過，這是他覺醒過程的一部分。我想知道你看見了什麼。

阿迪亞：我會試著解釋當時發生的經驗。在覺醒的那一瞬間，彷彿我完全處於我過去自認為的自己之外。只有無邊無際、無邊無際的虛空。在那無邊無際的虛空之中，在那無限的空性裡，有一個很小、很小、很小，你能想像到最小的光點，那個小光點是一個思想，就漂浮在虛空之中。那個思想是：「我。」當我轉而看著那個思想時，我只要對它產生興趣，無論怎樣的興趣都好，這個小光點就會朝著我越來越靠近，越來越靠近。這好比你將臉湊近籬笆上的一個小孔，當你將眼睛對準洞孔的時候，你就再也看不到籬笆了，你會看見籬笆另一邊的世界。

因此，當這個「我」的小光點漸漸靠近的時候，我開始從這個叫做「我」的小點來感知一切。我發現，在那個稱爲「我」的小點裡是一整個世界。整個世界都包含在那個「我」之內，在那個稱爲「我」的小點裡面。其實沒有一個我，而是有一個可以進出那個點的空性，可以不斷進入、出來，就像整個世界可以在一閃之間開啓，一閃之間又關閉，就這樣一開一關。

接著，我注意到有各種各樣的其他小點出現，我也可以進入每一個點，而每一個點都是一個不同的世界、不同的時間，我也是不同的人，每一個點當中，都是全然不同的展現。我可以進入那每一個點，看見一個完全不同的自我之夢，以及一個完全不同的、也是夢想而來的世界。

多半，我見到的都是特定前世中那尚未解決的「我」之夢。在某些特定的前世裡，有一些困惑、恐懼、遲疑或懷疑是尚未解決的。在一些前世裡，尚未解決的是一種困惑感，對臨死之際會如何感到困惑。在其中一個前世，我溺斃了，不知道發生了什麼事，因此當身體被淹沒、沉入水中時，出現了極大的恐懼與困惑。

看見那一世及當時瀕死的困惑，我立刻明白該做怎麼做了。我必須改正那個困惑，並且對我的那個夢解釋說我死了，我跌落船外，溺死了。這麼做之後，那一世的困惑突然像泡沫一般破滅了，有一種極大的自由感出現。許多前世的夢出現，而每一個似乎都著重在一些衝突、不同轉世身分的一些未解決問題。而我一個一個地將那些困惑解開。

譚美：當時，你是躺在鋪了地毯的地板上，眼睛閉上的嗎？還是怎樣的情況？

阿迪亞：不是，事實上，最奇怪的一件事就是，當這一切發生時，我在客廳來回走動著。我說不出來到底走了多久，那可能只有五秒鐘，因爲這一切都在時間之外，所以其實我也不知道。我也可能來回走了五個小時，但是我當時其實只是在客廳走來走去。

我沒有站著不動，我眞的在走路，而這一切就發生在我正在做這件事的時候。我在客廳走來走去，我進入後院，我做了一些事，我甚至不記得我做了什麼事，而同時，這整件事也在發生。我知道這聽起來很怪異。這不是在我靜坐的時候發生的，它完全融合在我的某個平常生活裡，成爲它的一部分。

你知道的，我對這種事情向來不多談。我不想對很多人談論關於過去世的事，尤其是激進的不二論者（nondualists），他們會主張沒有人被生下來、沒有一個擁有過去世的人，沒有轉世身分等等。當然，那些全是眞的，一切都是夢，就連過去世也是。而當我談論這些時，也當它們是過去的夢。我夢想著我是這個人，我夢想著我是那個人……。

以我個人而言，我從來不曾試圖綜合過去世的經驗，從中獲得一些形而上方面的理解。我並未清楚了解一個過去世到底是什麼，我只知道，對我而言顯然它也具有一個夢的本質。它沒有一個客觀的、實質的存在。儘管如此，我的那些經驗發生了。而既然它發生了，我不能說它沒有發生。但是在我自己的頭腦裡，我並未試圖去理解它。我所知道的就只是發生了什麼事。

譚美：當你看著這每一個夢，是否有一種事情獲得解決的感覺？

阿迪亞：是的。不只是那裡獲得解決，現在也獲得解決，因爲這都是一件事。因爲任何在那些夢裡面懸而未決的事，現在也懸而未決。因爲那是一樣的，其中是有關聯的。

我對過去世談得不多的其中一個原因，是有一些極爲覺醒的人根本從未見過自己的過去世。覺知到過去世並非必要。我不是個特別傾向神祕主義的人。在一段相對短暫的時間裡，有幾個月的時間，這些經驗偶爾會發生。自從那時起，它們隔一陣子就會發生，但卻沒有什麼一致性。因此，它們是不需要發生的，只是剛好發生了，而且對一些人來說，這種事並沒有什麼不尋常。如果人們的經驗是眞實的，他們看見的通常是需要被看見、需要被釋放的東西。

如同一位了不起的佛教住持曾告訴我的：「通常，你在過去世裡不會是個出類拔萃的開悟模範，因爲開悟不會留下任何痕跡，那就像一切都燃燒殆盡，連灰燼都不剩下。它沒有留下任何業力的印記。」她說，如果你有過去世，你可能會看見自己是個不折不扣的蠢蛋，我喜歡這個說法，因爲這符合我的經驗。我並非總是看見自己是個不折不扣的蠢蛋，雖然在一些情況裡，我看見自己遠不止是個不折不扣的蠢蛋。在多數的過去世裡，我看見的是困惑的時刻，以及懸而未決的業力衝突時刻。

譚美：我之所以提起過去世這個話題，部分原因是因爲我聽過好幾個人這麼形容你：「阿迪亞的過去世一定是個了悟的人，所以他才能在這麼年輕的時候就有如此重大的突破，而且能以如此原創的方式開示覺醒之道。」對於這種說法，你有什麼想法？

阿迪亞：如果你直截了當問我，我會說是的，我看見自己過去有許多次都在做著和我這一世所做的類似工作。但是如同我說過的，我不知道過去世的整個形上學世界、不知道它們是如何運作的，而且看見發生之事並不是呈現線性的因果關係。事實上，我對過去世的經驗是：它們並非眞的過去了。我稱它們過去世，是因爲那是人們熟悉的方式，但如果要我說出我眞實的經驗，它比較像是同時發生的現在世。然後，你從夢裡醒來，躺在床上想著：「哇！那眞是個有趣的夢！我夢見我是某某人，擁有所有這一切過去世的經驗。」這也可能會發生在你身上。「等一下，我在夢想著那些過去世，全部一起進行。我現在正在夢想著它們全部。在我夢想著它們之前，它們並不存在。」我大概就是這麼看這件事的。

我不將它們視爲過去之事，因爲它們全部同時在發生，全部同時在互動著。

譚美：從籬笆的洞孔窺視過不同的夢境之後，你認爲會發生什麼事？別說你不知道！我們什麼時候會死？你認爲那種經驗會是什麼樣子？

阿迪亞：我不能說「我不知道？」譚美，現在你可眞把我的手捆住了。

我的念頭不會跑到我死的時候會發生什麼事。如果我想著死亡，我的頭腦唯一會想到的就是死亡只是下一個經驗，就是如此而已。它是下一個經驗，它是和坐在這裡和你講話不同的經驗，這是無可否認的，但是終究，它就只是意識的下一個經驗。

沒有什麼會死。靈性不會死，但是它的確會有一個我們稱爲死亡的經驗，也就是肉體的瓦解，一段生命、一個性格的瓦解，這一切都將消逝。而靈性或意識會有這樣的經驗，一如它出生、活著，然後此刻與你談話的經驗。

此刻是靈性有著這個經驗。如果你問我：「死亡是什麼樣子？」我沒有辦法將它想成是我們所認知的那種實際發生的死亡。我內在沒有任何東西能與那種變成實際事實之死亡產生連結。我將死亡視爲一種經驗，就像下一個經驗一般。能看看那樣的經驗是什麼樣子，是件很美好的事，但我不會帶著一種終結的心情，或任何我們想到死亡時常有的指涉之意來看它。

譚美：你認爲死亡之後，是否有任何經驗的品質是你身爲轉世身分時無法獲得的？

阿迪亞：覺醒就是死去，那就是它的意義。當覺醒發生，我就死了。一切都消失了，變成一片空白。每個人最恐懼的東西，就是發生在我身上的事。完全空白。絕對的不存在。無，無，無。在那一刻，沒有前世，沒有今生，沒有，沒有意識，沒有出生，沒有生病，什麼都沒有。零。那是每個人最害怕的。那就是發生在我身上的事，那是死亡。

事情就是這樣發生的，死亡本身就是生命。我們必須死去才能眞正活著。我們必須去經歷絕對的不存在才能眞正以有意識的方式存在。

譚美：我聽過人們說：「你死後就能接觸到這個或那個，但是當你還擁有人身的時候，你不可能知道這個或那個。一旦你脫離人身了，就會有許多東西釋放出來，爲你所知。」

阿迪亞：我們所有人都會確切地經歷到我們所相信的東西。如果你相信那個，那就是你會經歷的。記住，沒有所謂「客觀的」現實，一種萬事必然通用的客觀方式。事情會以你夢想它會如何運作的方式來運作。那就是它運作的唯一方式，也是會發生的唯一一件事。因此，如果一個人是那樣相信的，表示那就是意識透過他們所做的夢，但那個夢並沒有比其他的夢更確實。

當然，在肉體死亡的瞬間，會有肉體經驗脫落的現象。就某種意義而言，那是一種強迫的覺醒。當肉體脫落，性格結構也會跟著脫落。不是你要與它保持超然，而是它會被拿走。在那一瞬間，你能夠接觸到許多事，因爲你所緊抓、執取的許多東西都已經不在那裡了。你不再能藉由想像讓身體存在，它已經不在了！所以，可能會有許多事發生嗎？當然。

這對一些瀕死之人來說也同樣適用。我曾有過的最不可思議的經驗，就是與那些非常接近死亡的人在一起時發生的。我到他們的病榻前探望他們，那些已經準備好的人已經放下了。坐在他們床邊，你可以感覺到死亡的逼近，感覺到他們已經放下了肉體。其實可以這麼說，他們已經死了，他們已經放下了，而且有一些人已經知道了：一切都很好。

如果你夠幸運，能夠待在一個像這樣的人身旁，那確實是一個綻放著無比光輝的經驗。那就好像對靈性、對內在的存有來說，身體已經變得完全透明，而它變得透明的唯一理由就是，那個人已經不再執著於它了。

因此，很顯然，一個人要放下，不需要等到肉體的實際死亡，究竟而言並不需要。

Inspirit 14

覺醒之後

關於開悟的真相，以及如何將靈性覺醒落實在生活實相之中（三版）

作　　者　阿迪亞香提
譯　　者　蔡孟璇
社　　長　張瑩瑩
總 編 輯　蔡麗真
副 主 編　徐子涵
行銷企劃　林麗紅
封面設計　羅心梅

出　　版　自由之丘文創事業
發　　行　遠足文化事業股份有限公司（讀書共和國出版集團）
　　　　　地址：231 新北市新店區民權路 108-2 號 9 樓
　　　　　電話：（02）2218–1417　傳真：（02）8667–1065
　　　　　電子信箱：service@bookrep.com.tw
　　　　　網址：www.bookrep.com.tw
　　　　　郵撥帳號：19504465 遠足文化事業股份有限公司
　　　　　客服專線：0800–221–029

法律顧問　華洋法律事務所蘇文生律師
印　　製　前進彩藝有限公司
初　　版　2014 年 11 月
二　　版　2017 年 12 月
三　　版　2023 年 08 月

I S B N　9786269648375(紙本書)
　　　　　9786269764143 (PDF)
　　　　　9786269764150 (EPUB)

歡迎團體訂購，另有優惠，請洽業務部（02）2218-1417 分機 1124

國家圖書館出版品預行編目資料

覺醒之後：關於開悟的真相，以及如何將靈性覺醒落實在生活實相之中 / 阿迪亞香提 (Adyashanti) 著；蔡孟璇譯．-- 三版．-- 新北市：自由之丘文創事業出版：遠足文化事業股份有限公司發行，2023.08
　面；　公分
譯自：The end of your world.
ISBN 978-626-96483-7-5(平裝)
1.CST: 禪宗 2.CST: 佛教修持
226.65　　　　112011724